ROMAINE OU GAULOISE ?

JOURNAL DE LIVIA, FILLE DE SEXTIUS

ENTRE VAISON, GENÈVE, VIENNE,

MONTPELLIER, MARTIGUES ET AIX EN 122 AV. J.-C.

Frédérique Banzet

Histoire et Société

oskar éditeur

Tous mes remerciements à Paul Veyne,
Robert Ilbert, Jean Chausserie-Laprée et Nuria Nin.

Dans le N°1

« Le grand départ pour Massalia »

Le général Sextius, appelé au secours par les Marseillais, a remporté la victoire sur les Gaulois (appelés Salyens) à *Entremont*. Il décide dès lors de créer sa propre ville : Aquae Sextiae *(Aix-en-Provence)*. Il demande à sa fille Livia de le rejoindre en Gaule. En effet, rien ne retient plus à Rome la fillette de onze ans : elle n'a plus de mère depuis l'âge de cinq ans. Curieuse de tout, intrépide et aventureuse, elle fait ses adieux à ses amis. Accompagnée de Memmia, sa savante nourrice grecque et de trois esclaves, elle débarque à Massalia (*Marseille)*, grande ville grecque, et rencontre sa famille paternelle. Pourtant, dès son arrivée, des événements menaçants ont lieu, puis un étrange cambriolage. Les Gaulois seraient-ils tels que les Romains les décrivent, des « barbares » ?

Ils vivent chez son grand-père Sextius, militaire veuf qui, après sa victoire à Carthage, s'est installé à Marseille avec une jeune Carthaginoise dont il a eu trois enfants : l'aîné Marcus, un marin, le deuxième Titus, qui veut devenir historien et qui, ami du soldat Rufus, protégé de Sextius, a rédigé l'histoire de la bataille d'*Entremont*, et la dernière, Calliоptès, bientôt mariée. Elle découvre un grand-père aussi sévère et strict que son père.

Livia, elle, n'est pas comme tout le monde : elle aime la réflexion, les sciences et le sport, ce qui ne correspond pas aux codes demandés à une fille. Elle a aussi un « don » et des « évanouissements »... Sa curiosité lui coûtera cher. Car lorsque Sextius l'emmène voir l'emplacement de sa future ville, elle a, près de la source gauloise, un malaise qui oblige son père à aller chercher du secours... À son retour, elle a disparu...

Dans le N° 2
« Prisonnière des Gaulois »

Voilà Livia kidnappée à *Entremont*, ville gauloise brûlée et soumise par son père. Elle y découvre un monde qui n'a rien de barbare, qu'elle observe dans ses détails. Un certain Drutos la tient captive. Après avoir rempli une mystérieuse mission auprès d'un noble salyen échappé (restitution d'un glaive sacré et des têtes coupées de célèbres ennemis), il l'emmène vers Glanon *(Saint-Rémy-de-Provence)*, où il accomplit une autre mission. Elle ne sait plus alors si elle est otage ni l'objet d'une rançon.

Or, y honorant un célèbre dieu des eaux, Drutos glisse et se casse une jambe que Livia soigne grâce à ses dons. Heureusement, dans la foule des pèlerins, elle a aperçu sa nourrice ainsi que Fulvia et Saodas, ses esclaves enfuis et à sa recherche. Ils ont exploré tout le territoire marseillais, fait le tour de toutes les villes gauloises (oppida) autour de l'étang de *Berre*. Hélas, à peine le contact pris, aucun plan d'évasion n'est possible, car le ravisseur décide de repartir et de remonter le Rhodanos *(Rhône)* sur un bateau pris à Arelate *(Arles)*. Par chance, alors que Livia a un malaise, ils se retrouvent tous à Tarusco (*Tarascon*), et sa nourrice Memmia peut monter à bord.

Ils prennent ensuite une autre embarcation pour remonter l'*Ouvèze*, mais une crue brutale la renverse. Livia sauve son ravisseur de la noyade et ils s'en sortent tous. Ils ne sont pas loin de la ville de Vasio *(Vaison)*, destination finale que Livia ignorait. Une fête l'attend là-bas, puis une dame mystérieuse qui, dans le noir, lui raconte son échappée de Rome six ans plus tôt. Cette dame, une prêtresse gauloise très savante, lui révèle alors qu'elle est sa mère...

Les noms propres en italiques sont les noms actuels des lieux, dont nous ne connaissons parfois ni l'origine gauloise ni latine.

J'écris aux Ides d'Octobre, an 631 de Rome.[1]

Souvenir de ma mère

Voilà plus d'un an que je n'ai pas tenu mon journal ! Comment aurais-je trouvé, si loin maintenant de la Méditerranée, auprès d'un peuple qui ne pratique pas l'écriture, un rouleau de ces papyrus égyptiens si bien écrasés, qui abondent chez les Romains ? J'ai voulu, au début, écrire sur de la peau de chèvre, imitant un parchemin vu à Rome ; l'encre y restait bien mais je ne pouvais ni le plier, ni le rouler ! Or moi, j'ai besoin de mon journal dans mon sac, constamment, car vu tout ce qui m'arrive dans la vie, je ne veux plus m'en séparer !

Depuis tout ce temps, j'avais renoncé à écrire et m'étais contentée, comme chacun le fait ici, de mémoriser, comme je pouvais, ce qui m'arrivait...

1. Le 15 octobre -122 av.J.-C.

Car en Gaule, personne n'écrit le moindre mot, c'est même interdit ! Tous les peuples celtes, à l'opposé des Grecs et des Romains, pensent que l'écriture bloque le principe de vie. Pour eux, écrire fige le temps, immobilise la pensée, et arrête le vivant, alors que la vie doit rester fluide, et, comme l'eau sacrée, de lune en lune, éternelle et indomptable...

Si les Gaulois n'écrivent pas, en revanche ils sont d'infatigables parleurs ! Surtout les Voconces(2), peuple de ma mère... Ils adorent tous Ogmios, fameux dieu de l'Éloquence qui, avec son collier d'ambre, relie les oreilles des hommes à sa langue !

Leurs contrats de commerce, par exemple, suscitent d'infinies palabres où chacun donne son avis. Chaque participant peut convaincre l'autre, et tout, à part les grandes lois, est constamment modifié. Chez eux, tout bouge, comme les rivières qu'ils honorent partout !

Leurs dieux ne dorment jamais la nuit... et la course de la lune semble diriger le monde ! Quant à leurs nombreux peuples, eux non plus ne sont pas sédentaires ! Tous ont vécu de nombreuses migrations, et l'arrivée des Romains en entraîne d'autres encore. Prisonnière à *Entremont*(3), j'y avais déjà vu des réfugiés salyens de toute la région.

2. Peuple gaulois dont la capitale est Vasio (actuelle Vaison-la-Romaine).
3. Nom actuel de l'oppidum gaulois des Salyens, avant *Aquae Sextiae* (actuelle Aix). Voir tomes 1 et 2.

Ma propre mère elle aussi, quand le proconsul Flaccus allait attaquer et conquérir Vasio[4], était partie vers le Nord ! Les Sages voconces, ici, disent que leur peuple est venu il y a seulement trois cents ans (cela fait dix siècles, car un siècle pour eux dure trente ans !). Ils ne sont donc pas les enfants de ceux qui ont levé toutes ces grandes pierres sacrées que l'on trouve parfois sur les tombes en Gaule[5]. Bref. Je note tout cela pour mon oncle Titus, mais mon journal n'est pas un livre d'histoire ! Je veux surtout y raconter MA vie !

Certes, je viens de retrouver enfin une plume et un rouleau... MAIS à quel prix ??? Au prix de quel désagréable événement dont je me serais bien passée ?! Ah comme j'aimerais mieux être encore il y a quelques jours, à parler avec ma mère, assises sur les hauteurs de Vasio, dominant l'*Ouvèze* ! Et loin de cette bergerie froide, en pleine forêt alpine...

Je voudrais, avant de recommencer à écrire au jour le jour, parler un peu d'abord de l'année qui vient de s'écouler... À l'heure où j'écris, je suis sous le choc de ce nouvel arrachement à ma vie tranquille, et j'ai besoin de mes souvenirs... J'ai cette impression étrange que, depuis le début, ma vie consiste à retrouver mes proches

4. Avant la victoire de Sextius à *Entremont*, Flaccus avait conquis Arles, Glanon, Vaison.
5. Aucun dolmen ou menhir n'appartient ni à cette époque, ni à cette civilisation. Ils les précèdent de mille ans !

pour en être à nouveau séparée... Alors est-ce cela vivre : toujours devoir se séparer ?

Une scène que je veux raconter ferait peut-être, à elle seule, le lien avec les dernières pages de mon ancien journal et pourrait m'éviter de « résumer » un an de vie. Une scène que je dirai emblématique et symbolique, deux mots que je viens d'apprendre :

Le premier soir de nos retrouvailles à Vasio, ma mère me dit avec un calme incroyable :

— Je savais que tu viendrais un jour. Les six années l'une sans l'autre, je le sais, sont irrattrapables. Mais nous allons essayer d'inventer un autre lien que celui que la nature nous a donné. Belisama(6) ici le tressera et veillera sur nous.

« Memmia et toi, vous allez vous installer dans une maison voisine. Ainsi nous nous verrons fréquemment. J'habite à côté de l'enceinte sacrée, où j'ai beaucoup de travail chaque jour. Le matin tôt, si vous voulez, vous pourrez m'aider en bas, près de la rivière, à la culture des plantes médicinales. J'y ai un petit champ cerné de barrières que garde une chienne. Ces plantes sont rares, certaines même viennent d'Orient, je les protège des sangliers ou autres animaux gourmands. Je t'apprendrai les vertus de ces plantes si c'est ton vœu.

6. Belisama : déesse gauloise. Son nom signifie « la très puissante » (de *bel*, la force).

« Ici certains très savants repèrent l'existence des sources souterraines, d'autres sentent les richesses en métal du fond de la terre, moi je sens où sont les énergies et je soigne avec les plantes... Il se peut que tu aies toi aussi des capacités spéciales...

Après ces paroles un peu énigmatiques et sans propos vraiment affectueux ou maternels, elle se mit à sortir toutes sortes de tissus et de couvertures de sa malle et nous installa dans ce qui allait être notre petite maison jusqu'à la semaine dernière. Le potier nous apporta de la vaisselle neuve, son fils des fagots et du bois qu'il empila dans un coin. Le vannier nous offrit de grandes nattes et des fauteuils bas. Tous les voisins nous apportaient des choses utiles. Ils semblaient contents de m'accueillir et se montraient intrigués par Memmia. Autour du feu central, il faisait bon dans ces odeurs de bois, de chaume, d'osier et de terre. Même si le contraste avec Rome ou Massalia était violent, je sus dès le premier instant que j'allais aimer cette vie !

Ma mère nous invita à manger chez elle. Il y avait dans sa petite pièce (elle était une des seules personnes du village, à part nous dans la maison des hôtes, à avoir un habitat individuel) un four où cuisaient, dans une terrine fermée, fruits, légumes et quelques morceaux de mouton : un festin !

Le mobilier de sa maison, surtout si je le compare avec celui de ma famille à Rome, était extrêmement simple et ne répondait qu'au strict besoin. Il n'y avait rien d'inutile. Les questions d'esthétique, de décoration, qui occupent tant les Romains étaient ici simplement absentes ! Ma mère, qui pourtant avait vécu à Rome, n'en avait gardé aucun des usages, sinon peut-être la disposition à terre des matelas en *triclinium* autour d'une petite table basse... où étaient posées *cinq* assiettes... Intriguée, je l'interrogeai du regard.

— *Nu ana* ! (Maintenant attends !) me dit-elle. Viens ma fille, j'ai besoin, l'émotion passée, de continuer la conversation de notre rencontre. Avant de dîner, je veux finir de te raconter mon retour ici.

« Quand je me suis échappée de Rome, avec les comédiens allobroges(7), puis quand j'ai été défigurée par la patte de l'ours, j'ai eu la chance, dans mon malheur, qu'ils fassent un grand détour à travers les Alpes, afin de me ramener jusqu'ici. En route, personne ne savait soigner ma blessure. On m'a entouré le visage de bandelettes mouillées sous lesquelles j'avais mis plusieurs couches d'achillée millefeuille. Tu connais cette plante simple qui pousse partout, j'imagine ?

7. Les Allobroges sont le peuple gaulois qui vit entre Genève et Vienne : Dauphiné, Drôme... À la fin du tome 2, la mère de Livia lui raconte comment elle est partie de Rome.

« À mon arrivée ici, en défaisant le bandage, la prêtresse soignante a vu que l'on pouvait encore recoudre ma joue, car aucune maladie ne s'était installée dans la plaie. Ainsi j'ai su que Belisama m'avait accordé une fois encore sa protection ! Après sept ans d'absence, j'ai été accueillie en grande joie par mes vieux parents et mes maîtres d'initiation : chacun s'émerveillait de me voir vivante. J'ai découvert alors que le grand druide avait annoncé mon retour un jour ! Mais, quand ils ont appris que j'avais dû laisser à Rome ma fille Livia, ils ont pleuré avec moi. Puis ils m'ont proposé d'organiser ton enlèvement à Rome, et j'ai refusé... Car je savais que la vie nous réunirait. Je me suis alors consacrée à l'étude.

Ces propos ne répondaient pas à mes regards interrogateurs sur le nombre de personnes attendues à table ! Un peu embarrassée, elle reprit :

— C'est alors qu'un nouvel obstacle à ma mission s'est dressé sur ma route... Mon ventre s'est mis à grossir, et j'ai vite découvert que j'étais enceinte ! Cinq mois après mon retour, j'ai eu alors un petit garçon que tu vas rencontrer tout à l'heure et qui vit chez ma mère.

Tout cela était presque trop ! J'apprenais d'un coup, outre le premier choc de ne pas être vraiment accueillie chez elle, que j'avais un frère, fils ignoré de mon père, et une grand-mère ! Enfin surtout, que ma mère avait autre chose à faire dans la vie qu'élever ses enfants...

— Mais quelle est cette « mission » dont tu parles ?

— Arrivons à ce que je dois te dire : depuis toujours, je suis promise aux dieux et consacrée... Dans ce passage sur terre, je *dois* soigner et faire avancer la connaissance des plantes. Je ne peux pas mener la vie des autres femmes !

— Comme c'est étrange ! La prophétesse Néfertmet, que nous avons consultée à Rome avant de partir, a eu ces mots pour moi : « Tu as le don... Fais le bien... » ! Et depuis... je me sers parfois du fluide que les dieux ont mis dans mes mains, j'apaise des douleurs...

— Je le sais, mais il te faudra des années pour en acquérir la maîtrise... et beaucoup de patience !

Memmia me regardait tendrement, comprenant que mon vœu pour la médecine se réalisait... Elle se demandait (elle me le raconta plus tard) si j'étudierais un jour les théories grecques d'Esculape et d'Hippocrate que je désirais tant connaître, ou si je laisserais la place à un autre savoir... Elle me caressa les cheveux, bienveillante.

C'est alors que surgit un petit garçon d'environ six ans, tout roux, flanqué de deux lévriers d'Ibérie. Il se jeta aux pieds de ma mère en pleurant. Son genou était en sang. Ses chiens vinrent nous flairer puis s'assirent dignement, de chaque côté de mon frère. L'ensemble faisait une vraie sculpture grecque, car leur peau si fine à tous les trois, presque transparente, ressemblait à du marbre blanc. Le tableau me frappa. Je le garde comme un souvenir précieux que je pourrais presque peindre. (Ici, à part les tatouages, personne ne peint rien...)

Alors l'enfant me regarda, distant et intrigué. Il fit la moue des enfants un peu sauvages et se gratta la tête, fourré dans la robe de ma mère. Il fut suivi d'une vieille dame qui, aussitôt qu'elle me vit, m'ouvrit ses bras, pleine d'affection. Elle pleura un peu, détailla tous mes traits qu'elle caressa, tandis que je laissais, dans sa robe parfumée, une surprenante douceur m'envahir.

Puis-je écrire ici ce que je ressentis alors pour cette nouvelle famille ? Non, parce que des sentiments mélangés et très contradictoires m'habitaient, entre émerveillement, colère, jalousie même, et amour immédiat qui me faisait fondre de joie...

Pourquoi ai-je choisi de raconter cette scène de notre rencontre ? Memmia dit qu'il y a dans la vie des « scènes inaugurales » où « tout est déjà là » et dont « la suite n'est que la déclinaison »... Celle-ci contient tout en effet. Et en premier cette constatation : ma mère n'a pas beaucoup de temps à donner à ses enfants : elle se consacre *d'abord* à la médecine et à l'étude. Dans sa maison, il n'y avait pour moi aucun séjour possible. Mon frère et moi n'étions qu'« invités »... Je ne m'attendais pas, ni à avoir une mère un jour, ni surtout, quand j'en rêvais malgré moi, à une personne comme elle...

Mon frère, lui, est un garçon turbulent, ombrageux et difficile d'accès. Il n'a qu'un but dans la vie : élever des chiens. Il ne sait rien de son père, le croit mort à la guerre et est très attaché à ma mère ; souvent malade ou blessé, il lui demande des soins. Elle lui a appris un peu de latin, ce qui a facilité nos premiers échanges. Pourquoi l'a-t-elle fait ? Sinon dans l'idée qu'un jour il connaîtrait ses origines... Depuis un an, je me suis chargée de lui enseigner beaucoup de mots, car ce petit être silencieux me suit partout avec ses chiens. J'ai répondu à ses rares questions sur Rome, mais il ne m'a jamais interrogée sur ma vie là-bas. Il s'appelle Ategnos, ce qui veut dire « né à nouveau ». Il tient ce nom du fait que le père de ma mère est mort un jour avant sa naissance et ici, ils pensent qu'il est revenu. Comme lui paraît-il, il ne parle que d'animaux, n'aime qu'eux et est très savant sur leurs comportements ! C'est un jeune dresseur de talent déjà. Il dort parfois avec eux, ce que permet notre grand-mère. Je ne sais pas s'il est heureux d'avoir une sœur, car il communique peu avec moi et ne montre que colère ou larmes.

Ce jour-là donc, je rencontrai aussi ma grand-mère, une femme très tendre qui me couvre de baisers, exact contraire de sa fille ; toute cette année je l'ai beaucoup aidée, car elle est très âgée. Elle cultive encore sa part de champ d'orge et trottine, seule et courageuse, avec sa petite charrette, tôt le matin... Elle a un bon visage de petite pomme ridée, à la peau à la fois très fine et solide, un sourire permanent et des yeux vifs : elle m'aima tout de suite. Elle a un très beau nom, elle s'appelle Asunna, ce qui veut dire « la songeuse »... et en effet, toute sa vie fut parcourue de rêves... qu'elle me racontait. M'a-t-elle transmis cette particularité ?

Ce premier soir, ma mère nous donna aussi tous les détails de mon enlèvement, depuis les essais ratés de capture à Massalia jusqu'à Drutos, cet Allobroge qui lui avait rendu ce service. Elle me demanda de me méfier désormais de tous les Romains qui installaient leurs constructions le long de l'*Ouvèze*, et surtout de ceux, curieux et nombreux, qui venaient chercher provisions ou soins dans notre oppidum. Je sais maintenant combien elle avait raison ! Elle nous raconta aussi la guerre de l'année précédente contre les Romains. (Vasio est désormais une ville romaine, mais ils habitent en bas et construisent leur ville près de l'*Ouvèze*, ce qui fait qu'on les voit très peu.)

— Lorsque les Romains ont déclaré la guerre, j'ai eu tellement peur que ton père soit à la tête de cette armée que j'ai fui vers ce peuple du Nord qu'on appelle les Allobroges et qui avait permis ma fuite de Rome... C'est là que j'ai soigné le père de Drutos.

« Puis, quand on m'a appris que le chef qui mènerait

la bataille n'était pas Sextius, mais le terrible consul M. Fulvius Flaccus, notre voisin à Rome, j'ai pensé à son fils Bambalio, né la même année que toi (tu m'en donneras des nouvelles n'est-ce pas ?) et j'ai eu aussi peur... À raison, car Caius Sextius Calvinus, je le sais maintenant, fait demander dans chaque ville si on me connaît... Informé par Flaccus, il m'aurait retrouvée !

— Il te cherche ? Jamais il ne m'en a dit un mot !

— Sans doute parce que cela ne te regarde pas ! T'a-t-il seulement parlé de moi ?

— Non, jamais.

— C'était même interdit... ajouta Memmia.

Ma mère ne fit aucun commentaire et reprit son récit :

— Heureusement, avant de partir vers le Nord, j'avais pris une pousse des plantes que je cultive et un échantillon de toutes mes précieuses graines...

Ma mère est cette femme qui en toute circonstance ne pense qu'à la science. Lorsqu'on aborde le sujet, elle s'anime, mais tout le reste de sa vie n'est que calme froid, concentration et silence. Pour elle, toute la nature est sacrée, et les plantes sont des bienfaits des dieux, déposés sur notre route pour qu'on en comprenne le sens, les liens et l'usage. Ma grand-mère, elle, fait chaque jour de grands bouquets qui décorent sa porte.

Ma mère a un don et s'en sert pour soigner une

grande partie de la journée ; elle assiste même parfois la sage-femme quand la naissance est difficile. Car elle communique avec les dieux et sait parler à la déesse des Accouchements. Ils lui envoient l'énergie bienfaisante...

Ce premier soir, je sus aussi que me faire poursuivre à Massalia, puis enlever à Aquae Sextiae avait été très important pour elle, car elle désirait me connaître. Elle voulait surtout que chez elle, je puisse accomplir mon passage à l'état de femme et désirait m'initier. Elle m'avoua aussi qu'elle élevait de loin ce petit garçon, mais qu'il ne faudrait jamais attendre d'elle rien de plus : son cœur était pris et ne contenait pas vraiment d'amour pour aucun humain. Elle n'était pas fille de la terre mais de la lune. Une énorme différence que je comprendrais plus tard.

Être libre et consacrée était son destin. Elle n'avait plus supporté Rome, ni l'esclavage, ni d'être arrêtée sur le chemin de la connaissance. Je devais le comprendre, et mettre mes sentiments filiaux de côté... Je pressens maintenant pourquoi, après son départ, j'avais tant voulu être vestale, moi aussi[8]...

De toute façon, être mère et fille ne s'improvise pas. À aucun moment, nous ne pouvions ignorer nos

8. L'enfance de Livia à Rome est racontée dans le tome 1.

années d'absence. Ce vide est un blanc qui ne se comblera jamais... À nous alors d'inventer un autre sentiment que celui des gens ordinaires ! Car inventer est le seul recours de la vie !

Quand j'étais petite, à Rome, j'imaginais souvent des histoires où les personnages étaient mère et fille. La scène théâtrale que je nommais « les retrouvailles » posait déjà, je m'en souviens, une difficulté à la jeune dramaturge que j'étais : à part une merveilleuse étreinte, je ne savais jamais quoi faire dire à mes personnages ! Eh bien, dans la réalité actuelle, c'était pareil : nous étions comme gênées, entravées par ces années l'une sans l'autre, et devions « créer » une relation ! Aussi ai-je pu m'habituer à cette froideur.

Cette première scène définit alors l'exacte distance qui est entre nous et qui ne se franchira plus, je le sais.

Notre point commun (nous avions du mal à en trouver), à ma grand-mère, ma mère et moi, ce sont nos rêves incroyables. Nous nous les racontons souvent. Mais seule ma mère sait les lire !

Un cauchemar que, maintenant adulte(9), je fais, s'est révélé presque semblable à toutes les trois :

Chacune rêve qu'elle se perd dans la montagne, empruntant mille sentiers de gibier qui ne mènent nulle

9. Après la puberté, on est adulte. L'adolescence est une invention récente.

part, poursuivie par un loup bleu qu'aucune n'a jamais rencontré. Nous errons dans des grottes souterraines à multiples couloirs... avec, dans mon rêve à moi, le nom de *Balma* qui résonne à l'infini sur leurs parois (et veut dire précisément *caverne* en gaulois). Nous sentons le souffle chaud du loup qui court et entendons son glissement. Nous courons à en perdre haleine, tenant un flambeau qui va s'éteindre. Une ouverture alors nous sauve mais nous nous perdons encore dehors dans des buissons colorés et ne retrouvons plus notre chemin. Dans le mien, une buse crie très fort et m'avertit qu'il me rattrapera, où que j'aille...

Drutos et la fête de Samain

Avant d'en venir à ma situation actuelle, je voudrais aussi parler de Drutos, celui qui m'enleva à mon père et m'amena captive à ma mère. Dès que je l'eus sauvé de la noyade dans les eaux de l'*Ouvèze*, son changement fut radical. J'avais déjà été très étonnée qu'on l'acclame à notre arrivée et qu'on se prosterne devant lui. Je n'allais pas tarder à apprendre qu'il est un grand prince allobroge, et que son nom signifie « vaillance ».

Sa mission première avait été de remettre au peuple salyen à *Entremont* le glaive de Toutomaros[10] (signe que, même en exil, il restait leur roi et que sa guerre n'était pas finie), ce qu'il avait fait. À Glanon il avait

10. Selon les auteurs, ce roi est appelé Teutomotulos ou Teutomaros...

rempli sa deuxième mission. J'appris qu'il n'avait accepté celle de m'enlever que par égard pour ma mère. Tout son peuple en effet la révérait depuis qu'elle avait un jour, en Allobrogie, sauvé leur chef, son père, le grand Albiorix(11), malade du souffle.

Le jour où il m'amena devant l'enclos sacré de Vasio où j'allais découvrir l'existence de ma mère, Drutos avait bifurqué. Il avait eu auparavant ce geste dont je me souviens maintenant avec émotion : sa main avait tendrement longé ma joue et il m'avait dit :

— Bonne chance et bonne route, ma belle ! Je sais que les dieux t'accompagnent ! Que Belisama protège ton initiation, et tu seras une de ces femmes dont chacun admirera le chemin !

Il m'avait dit cela comme si mon avenir ou ma vie était un voyage... ce qui reste pour moi énigmatique... Est-ce vrai ? Vu ce qui fut et ce qui est, oui !

Par la suite, je le revis deux fois seulement. La première fut lorsqu'il vint faire examiner sa jambe à ma mère. Celle-ci confirma que la fracture avait été bien soignée à Glanon, fabriqua une nouvelle pommade et lui conseilla de marcher en s'appuyant sur des béquilles de bois qu'elle possédait. Je n'eus pas le droit d'assister aux prières mais les entendis de loin et reconnus très

11. « Roi de lumière » en gaulois.

nettement l'harmonieuse mélopée chantée à *Entremont* par Crixia. Je me souvins de la grotte sacrée, et de cette berceuse puissante qui semblait plonger ses racines dans un autre monde. Je découvris ce jour-là qu'aucune guérison n'a lieu chez les Gaulois sans ces chants sacrés. Ressorti du sanctuaire, le visage de Drutos était lisse, détendu, souriant.

Et maintenant que j'y repense (et puisque personne ne lira ce journal, je peux l'écrire), je l'avais trouvé vraiment très beau : ma mère l'avait, par sa sagesse, comme métamorphosé, et j'imaginai alors le torque d'or des héros à son cou... À ce moment, je ne sais pourquoi, j'eus, en tableau immobile, un bref éblouissement : je vis mon père et lui, côte à côte, sur deux trônes d'argent... vision aussi fugitive que ce tissu à carreaux que j'avais cru sentir m'effleurer un jour.

La deuxième fois fut pendant la fête de Samain, jour de l'an gaulois(12), il y a presque un an, premier jour surtout d'un nouveau siècle(13). Le temps était comme cette année, une sorte de bel été qui ne finissait pas, illuminant ces trois jours de liesse et réchauffant ces trois nuits extraordinaires. Pendant ces seules nuits de l'année, les vivants peuvent... rencontrer les morts !

12. Le 1er novembre : jour de l'an et grande fête chez les Celtes.
13. En 122 av.J.-C. commence un siècle gaulois, d'une durée de trente ans.

Tout le premier jour, druide, barde[14] et nobles voconces fêtèrent, dansèrent, chantèrent et évoquèrent, par de longs discours, les grands guerriers morts à la bataille l'année précédente[15]. Les gens de toute la région, éleveurs, paysans, artisans les écoutaient, assis sur l'herbe de l'espace sacré. Trois larges tables étaient dressées pour les banquets de la nuit. Ma mère, assise sur un grand fauteuil, me gardait à ses pieds, comme mon petit frère, immobile et songeur, caressant une de ses chiennes qui allait bientôt mettre bas.

Dans le sanctuaire entraient une à une les familles et leurs enfants qui cessaient leurs divertissements. Puis ils en ressortaient souriants... et couverts de rubans ! Les rubans, chez bien des peuples, ai-je appris, représentent des tranches de temps et se coupent lors des fêtes... Ils sont des cadeaux de vie, de la part des morts, et une sorte de droit à les appeler !

C'est cette nuit-là que pour la première fois, fêtant l'entrée de la planète Saturne dans le signe du Taureau, j'entendis les carnyx. Leur son est si puissant qu'on croirait qu'il est produit, non par le souffle de l'homme, mais par celui de la terre. Il remue le fond du ventre et fait très peur. Il « enchante » et contamine l'air ambiant,

14. Homme d'une mémoire exceptionnelle qui conte et chante légendes et histoires.
15. En 124 av. J.-C., un an avant *Entremont*.

à tel point qu'on ne peut qu'être envoûté. L'air lui-même est empreint de gravité, prend un poids, une épaisseur qui métamorphose ce que l'on voit et en fait vibrer les contours. On sent le grand souffle du monde...

Le soir, les fêtes devinrent prodigieuses. Après que chaque maison eut éteint son feu, tout le monde se rassembla sur les bords de l'*Ouvèze* pour la cérémonie, en l'honneur du grand Cernunnos, maître du royaume des morts. Au clair de lune, le druide, accompagné de ma mère, alluma alors le grand feu de l'année à venir. Il frotta d'abord les bois secs d'un chêne vénérable de la montagne, un de ces chênes que tout le monde connaît et qui depuis des siècles recueillent les confidences et les souhaits de tous. Puis, en réponse, les élèves druides allumèrent à leur tour d'autres feux sur les montagnes et le long de la rivière. Certains furent même posés sur de petits radeaux et lancés dans le courant. Chacun alors vint chercher une branchette enflammée pour rallumer son foyer, et ce fut un joyeux défilé de lumières comme des vers luisants, partout sur les collines.

Une fois la lune haute, la fête commença : un grand banquet en musique réunit toute la population. Des coupes de boissons fortes passaient de main en main, tandis que certaines feuilles se consumaient dans des sortes de brûle-parfums. Durant la soirée, les adultes s'approchaient de ces coupelles pour les respirer longuement et s'enivrer de ces fumées de l'autre monde... Les enfants avaient le droit de regarder, de manger un peu, mais devaient se tenir en retrait : la fête n'était pas pour eux ; d'ailleurs beaucoup étaient remontés dormir dans l'oppidum.

La danse s'empara de certains villageois qui, tour à tour, entraient dans un cercle. Ma mère m'expliqua que les ancêtres étaient maintenant invités à pénétrer dans ce rond joyeux. La langue était marmonnée, puis en éclats. Memmia et moi n'y comprenions rien, mais notre cœur battait lui aussi au rythme lent et profond des tambours. Puis un rire général prit la foule, un rire excessif et très bruyant. Certains même se tordaient par terre. Ma mère alors nous dit qu'arrivait le moment où les morts faisaient des déclarations aux vivants, par la bouche de ceux qui étaient entrés en transe, et que ces paroles suscitaient rires et moqueries. Elle nous en traduisit un peu :

« Ton père te dit de t'occuper mieux de ta femme ! Rejoins-la, espèce d'aveugle ! »

« Prends garde que ton fils ne devienne voleur de poules ! Tu ne le redresseras qu'à coups de bâton ! »

« Ta sœur est une paresseuse qui ne s'occupe que de sa coiffure ! Redoute qu'elle ne séduise un Romain ! »

Et toute la nuit fusèrent les conseils aux vivants ! Pendant ce temps, les maisons restaient éclairées afin que les morts puissent revoir leurs foyers et s'y rassasier sur les tables pleines. Ce détail me frappa, car à Rome, nous aussi, nous laissons à terre des aliments pour que nos morts soient nourris et satisfaits... Cela prouverait que nous ne sommes pas si lointains !

Cette nuit-là, Drutos vint s'asseoir près de moi :

— Apprécies-tu notre belle fête ? Te doutais-tu qu'il soit si joyeux de côtoyer nos ancêtres ? Bonne année à toi ! La moitié de ton sang est celte, je suis heureux que tu aies retrouvé ta famille.

« Tu sais, Livia, je n'oublierai pas que tu m'as sauvé de la noyade, malgré ton bras endolori. Si par hasard ta mère et toi veniez un jour visiter notre peuple (car il y a dans les Alpes des espèces uniques de fleurs qui intéresseraient bien ses recherches !), sache que vous seriez les bienvenues, et reçues avec tous les honneurs.

« Ce que j'ai apprécié chez toi, me confia-t-il en riant, c'est que, même quand tu étais ma captive, tu ne t'es jamais vraiment laissé faire ! Tu as sans cesse inventé de nouvelles ruses. Comme ton Ulysse ! Comme ta mère aussi qui a joué la soumise à Rome, mais a finalement gardé la tête haute, et n'a jamais cédé sur son projet ! M'as-tu, depuis, pardonné mes sévérités ?

Je fis la moue, lui montrant qu'il m'était difficile d'excuser ses mauvais traitements. Mais mon sourire sans doute disait le contraire. Je changeai de sujet :

— Puisque tu vas repartir et que tu ne m'as jamais parlé de toi, dis-moi, Drutos, quelle est ta famille ? Es-tu marié ? As-tu une noble promise ?

— Pfff !!! Quelle question ! Seul le bien de mon peuple m'importe ! J'ai beaucoup trop à faire pour m'occuper de cela ! C'est bien une question de fille ! et de curieuse !

Il venait d'esquiver, lui aussi. Égalité ! J'aurais voulu quand même en savoir plus, mais je me tus.

Là où la vie vient de me mener, mon seul espoir est, puisque c'est chez les Allobroges que nous allons, de retrouver sa trace... même si le territoire est immense !

Je suis bien triste maintenant d'être loin de ma mère et de mon *bratir*[16], mon petit frère ! Je voudrais écrire encore quelques mots à son sujet, avant d'arriver à aujourd'hui. Car le lendemain de Samain, ce petit bonhomme m'étonna bien encore.

Le matin, très tôt, il me demanda de l'accompagner à la rivière pour pêcher. Il avait de beaux hameçons tout fins, offerts par le forgeron. Ma mère était d'accord pour que je descende de l'oppidum à des heures où l'on ne croise pas de Romains. Donc nous partîmes à la recherche de vers de terre et de sauterelles que nous mettions dans de petites boîtes de vannerie.

16. Mot gaulois.

Déjà si petit, il connaissait les coins où nichent les truites et, sa canne à pêche fixée entre deux rochers, il préféra aller pieds nus dans l'eau froide. C'est là qu'il me raconta, lui qui ne disait jamais rien, que le jour de son premier lustre(17), la rivière lui avait parlé.

— Voilà ce qu'Ovidis m'a dit : « Ton corps est encore celui d'un jeune cerf, mais tu deviendras un sanglier aux dents pointues. Il te faudra ensuite endosser la peau du serpent, et enfin attendre d'être salamandre pour connaître ton père. » Moi je suis content de bientôt devenir animal. Car, à part ma grand-mère, je n'aime pas les humains ! Peut-être qu'à une fête de Samain, je converserai avec mon père un jour ?

Sur ce, il ne me posa heureusement pas d'autre question. Il me montra, sous la racine d'un saule, un renfoncement, glissa sa main dans la nuit de l'eau et... en retira une truite ! Il la jeta sur l'herbe toute frétillante et argentée, puis prit en pitié son agonie et la remit à l'eau.

— As-tu déjà parlé de ce songe à notre mère ? Elle sait la science des rêves...

— Non, cela, elle ne peut pas le savoir. C'est à moi seul que la rivière a confié l'énigme. C'est ma vie !

Et il redevint le petit garçon sombre et taciturne

17. Un lustre celte fait 5 ans, soit 60 mois. Notre expression « depuis des lustres » vient de là.

que je connaissais, toujours en action et dans ses rêves à la fois... Quand il n'a rien à faire, il construit (autant que mon ami Bambalio dessinait à Rome) ; il fabrique des monstres étranges avec des morceaux de bois et leur invente combats et métamorphoses.

Il rit rarement. La seule fois dont je me souviens, c'était à la naissance de Galgo et de sa sœur. Ces chiots nous étaient destinés, à Memmia et moi, et il était venu en trombe, surexcité, pour tirer nos robes !

En effet c'est aux bêtes qu'il sourit, ce sont elles qu'il caresse. Pas nous. Il semble porter une blessure, que personne ne comprend. Et bien qu'il soit mon frère, il diffère de moi sur un plan essentiel : il n'a pas la moindre curiosité ! Il n'a pas cherché à savoir ce que je pensais du message de sa déesse gauloise, ni comment était ma vie avant d'arriver, ni si je me souvenais de ma mère autrefois avant lui, ni rien !

Son regard semble planer sur le monde des humains avec indifférence, et se poser ici et là sans intérêt particulier. Il regarde les bêtes de l'herbe et peut indéfiniment jouer, allongé par terre. S'il avait vécu à Rome avec nous, il aurait été très malheureux d'aller dans une école ! Car il vit hors le temps et semble toujours décalé. D'aucuns doutent qu'il fasse un bon guerrier, car à sept ans commencera son entraînement. Moi, je ne souhaite pas qu'il rencontre les Romains...

Mais assez consacré de pages à mes souvenirs ! Je n'ai raconté ni la cérémonie de ma difficile initiation ni les centaines d'heures à herboriser et apprendre par cœur les plantes. J'ai déjà utilisé trop de rouleaux. L'aboutissement est que je suis maintenant une adulte, avec du sang toutes les lunes, qui peut être mariée. Heureusement, ma mère n'y pense pas. J'ai maintenant treize ans et demi. Alors Memmia veille sur moi et ne me perd plus de vue !

Chapitre 3

La grande lessive

En fait, toute la perturbation de ma tranquille vie commença il y a une semaine, par un rêve, la veille du grand jour de lessive chez les Voconces. Et voici précisément ce songe : tandis qu'une déesse, qui ne voulait pas dire son nom (Ovidis ?), m'offrait la coupe de la vie merveilleuse, mélange de miel et de fromage frais, tandis qu'un dieu inconnu (Taranis ?) me tendait l'aigre breuvage de la connaissance des choses, se rassemblaient les nuages au-dessus d'un grand rocher où je me trouvais perchée. De doux vents faisaient frémir mon oreille. Leurs voix me parlèrent :

« Telle Nausicaa aux blanches mains, tu iras laver les robes de tes noces avec les jeunes filles de ton peuple. Ta mère, depuis son nid dans la falaise, surveillera sa fraîche couvée prête à s'envoler. Étendez le linge frotté sur les rochers chauds et les hauts genêts, puis baignez-vous dans la crique bien abritée. Cette dernière eau avant l'hiver te donnera force et endurance aux glaces que tu affronteras. »

Les vents se turent et je méditai. Survint alors une oie sauvage toute noire qui, désagréablement, voletait autour de moi. « J'ai vu, me cria-t-elle, un troupeau de grands aurochs cornus descendre des montagnes ! Ils piétineront ton linge, emporteront ta robe de noces, et l'un d'eux, comme Zeus le fit avec Europe, t'enlèvera, faisant ainsi rouler les galets du chaos de ta vie ! »

L'oiseau dans mon rêve s'envolait comme l'esprit. Je ne pouvais rien faire, rien lui demander, et me réveillai d'effroi. Embuée dans la laine des questions, je me confiai à ma bonne Memmia, qui me connaît mieux que ma mère encore. Elle décida qu'un rêve à lui seul ne pouvait influer ni déplacer le grand jour institué de la lessive. Donc elle m'accompagnerait avec nos deux chiens et je n'aurais rien à craindre. Elle trouva plus judicieux, hélas, de ne rien dire de ce rêve à ma mère. Elle savait que Voadicia Ias, qui, entre toutes, connaît le mieux le langage des rêves, allait s'inquiéter avec excès. De toute façon elle nous guetterait d'en haut.

Ce jour-là était sacré pour tout le monde. Les Romains, depuis deux ans installés sur les bords de l'*Ouvèze*, avaient décidé, eux aussi, de rendre visite à un autre groupe des leurs, positionnés en territoire cavare, à quinze lieues ; ils étaient donc partis tôt. La voie était libre ; je pouvais descendre à la rivière, sans crainte, avec mes amies. Ma mère se méfiant des Romains, prudente, leur cachait ma présence. Elle avait toujours peur que mon père ne lance à nouveau des recherches, malgré sa terrible lettre, dont je parlerai plus loin.

Par ailleurs, aucun Voconce ne signalait la présence d'aurochs dans la région et il faisait bien trop doux encore pour que de tels animaux descendent des Alpes ! Très vite mon rêve devint, pour nous deux, une de ces absurdités coutumières qui encombrent mon esprit... Je décidai de n'en parler à personne, car les Gauloises sont promptes à tout interpréter et à voir des significations divines à tout. Donc je me tus.

Ma mère dit qu'il me faudra beaucoup de temps dans la vie pour distinguer mes visions, mes rêves et la réalité, ainsi que pour connaître de quel type sont les messages envoyés. Sommes-nous, elle et moi, des messagères des dieux, porteuses de textes à déchiffrer ? Devons-nous transmettre ce qui parfois nous parle et nous vient des ancêtres ? Voyons-nous l'avenir ? Ou lisons-nous le passé dans le ciel confus du présent ? Ou alors avons-nous seulement parfois l'esprit agité, plein de désirs et de peurs terrestres ? Nul ne le sait.

Donc, nous voilà parties sous le soleil, femmes du

village, jeunes amies, Memmia et moi, pour ce grand travail. Robes, tissus, braies, sortis de leur trempage dans la cendre de chêne, furent piétinés, frottés, secoués et pressés avec énergie, dans un coin particulièrement sableux et agréable de la rivière. « Rien ne lasse mon cœur », disait Ulysse enfoui dans la toison merveilleuse du bélier qui allait le sauver des dents avides du Cyclope. Ainsi nos pieds foulaient le linge « sans se lasser »... Quel plaisir ! L'exceptionnelle chaleur de cet automne réchauffait la rivière et elle sentait si bon ! Nous utilisions une sorte de pâte parfumée appelée « savon », qui laissait partir des rubans gris dans l'eau claire... Comme j'étais loin des odeurs d'urine pestilentielles des cuves-lavoirs de Rome ! J'avais un grand bonheur à être là. Surtout après un pareil rêve... Tout s'apaisait.

De se baigner vraiment, il ne fut question qu'une seule fois, lors d'une malencontreuse chute qui fit bien rire les autres. Car l'*Ouvèze* était trop froide pour une baignade. Mais, grâce à cette glissade fortuite, j'avais senti cette eau toujours aussi douce et bienveillante pour moi... Je reconnus combien Ovidis apportait de bienfaits et me souvins qu'elle avait épargné ma vie il y a un an. Memmia, que la déesse avait guérie de sa peur de l'eau, s'y était même aventurée pour rattraper une jolie cape à carreaux qui s'enfuyait dans le courant.

Avant la lessive, une femme qui étudiait auprès de

ma mère afin d'être prêtresse adressa offrandes et prière à Ovidis. Je tente ici de retrouver ses mots « ailés » :

« Ô déesse rampante et fluide, ô puissante aux ruses imprévisibles, ô souple loutre qui te faufiles où tu veux, ô toi qui connais la limpidité comme la boue du monde, ô toi qui transmets les messages du ciel à la terre, lave et purifie notre linge souillé, afin que, dans l'année qui va commencer, nous portions sur nous ton éclat de vie ! »

Vint le moment d'étendre les tissus propres sur les galets secs et les genêts. Le soleil était chaud. Nos chevaux broutaient dans la clairière et porteraient bientôt notre chargement. Nous faisions des concours de ricochet.

Une fille plus intrépide que les autres voulut alors me montrer une belle prairie qu'elle avait repérée. J'étais ravie, car cela faisait quelque temps que je l'admirais sans rien dire... Elle s'appelle Ouitoubena (ce qui veut dire « femme-saule ») et construit de petites vanneries, en saule justement, qui peuvent voler dans le vent... ce qui m'enchante ! Memmia et les chiens, ne me quittant pas d'une semelle, nous accompagnaient.

C'est alors que je ressentis soudain un pénible bourdonnement dans mes oreilles et une étrange faiblesse. Je dus m'asseoir sur un tronc mort et fermai les yeux. Mon rêve recommençait-il ? Allais-je avoir une « vision » comme cela ne m'était plus arrivé depuis longtemps ? J'entendais distinctement un cliquetis qui annonçait une faction armée ! Mais ni la fille ni Memmia, occupée à cueillir un bouquet de chardons bleus, ne remarquaient un quelconque bruit inhabituel. Les chiens seuls tournaient en rond, semblant agacés. Méfiants, ils observaient les objets qu'Ouitoubena faisait voler si légèrement. Percevaient-ils quelque chose ? Dans ma tête, le bruit augmentait. Plus bas, les autres jouaient, toujours aussi insouciants, aux galets. Pourquoi est-ce que personne n'entendait rien ? Je demandai à Memmia de retourner vers notre groupe. Elle vit sans doute que j'étais pâle et accepta.

— Livia ! Voilà si longtemps que tu ne t'es pas sentie mal ! Vois-tu quelque chose ?

Memmia est habituée à mes « visions » et moi aussi. Ma mère les dit « accompagnatrices » de mon supposé « don »... Or cette fois, je ne voyais rien du tout, mais j'entendais, seule, une cavalcade. Ce qui était effrayant.

— Non, mes yeux ne perçoivent rien mais il se passe quelque chose derrière la montagne... Les Romains...

— Mais que racontes-tu ?! La région n'est plus à vaincre ! Aucune armée ne reviendra ici : Vasio est conquise depuis deux ans. Qui veux-tu qu'il vienne dans ces montagnes éloignées de tout ?

Alors se produisit d'un instant à l'autre un fracas incroyable qui jeta la terreur parmi nous. Des rochers semblaient s'ébouler au loin, dans un grondement sinistre. La terre allait-elle trembler ? Les femmes, prises de panique, entassèrent vite le linge non plié et se rassemblèrent. Memmia, empoignant nos sacs, me serra fermement contre elle. Nos deux chiens détalèrent, aboyant vers le sentier de montagne.

Puis ce fut... l'horreur !

Six soldats romains, sur des chevaux au galop, apparurent au bout du chemin de halage, et foncèrent sur nous. Ils piétinèrent le linge, indifférents aux cris des femmes et aux aboiements enragés. En quelques instants, je fus soulevée de terre, emportée dans les airs. Dans un éclair, je vis que la même chose arrivait à Memmia. Deux hommes me tenaient et m'enroulèrent dans une corde.

— Tu vas commencer par te taire, me dit l'un d'eux en latin, tout en me bâillonnant.

Ficelée comme un saucisson, je fus chargée, le souffle coupé, mon ventre contre le corps chaud du cheval. La tête en bas, je voyais le monde à l'envers.

Les femmes hurlaient, puis ne tardèrent pas à jeter des pierres. Mais c'était sans tenir compte de l'incroyable efficacité romaine : l'effet de stupeur d'abord, puis l'aisance parfaite des gestes répétés et prévus. Nous n'étions plus à portée de leurs galets... et reprenions à grande vitesse le sentier par lequel ils étaient venus. Heureusement si je puis dire, Memmia était dans la même posture que moi, sur un autre cheval, enlevée elle aussi par... des Romains ! Car oui, c'était le comble : violemment arrachées au bonheur pur et frais de cette journée, nous venions de l'être, par des Romains !!!

Le troupeau d'aurochs de mon rêve était-il ce groupe arrivé de nulle part ? Quel désespoir, puis quelle colère allait ressentir ma mère, qui avait dû tout voir du haut du rocher et me perdait à nouveau, après un an de retrouvailles ! Pourquoi ne pas avoir confié mon rêve à ses interprétations ? Elle nous aurait sauvées...

Mais comment pouvions-nous être capturées par des Romains ? Et surtout : pourquoi mon père n'avait-il pas tenu ses promesses ? Sa lettre de reniement était-elle pur mensonge ? Ou stratégie de celui qui veut calmer la vigilance pour mieux attaquer ? Mon père n'avait-il pas lu le détail de ma propre lettre ? Ne lui était-il pas possible de respecter la demande de son unique fille ?!!! J'enrageais.

Impossible de comprendre cette situation : nous étions bel et bien enlevées, mais comment, après avoir été prisonnière des Gaulois, pouvais-je me retrouver capturée par des Romains ?! Tout se bousculait dans ma tête, car romaine je suis, et fille du général Sextius ! Mon père m'attendait-il alors derrière cette montagne ?

La position pliée était très douloureuse et, si je souffrais beaucoup du dos, ce devait être bien pire pour

Memmia ! Nous grimpions dans la montagne, vers un col au nord ; ce qui n'était *pas* la direction de Massalia...

Il était certain que cette inconfortable situation n'allait pas durer : nous ne pouvions parcourir de grande distance ainsi secouées comme des oliviers, même si leur allure avait ralenti. Mon seul réconfort, hormis la présence de Memmia bien sûr, fut de constater que mon fidèle Galgo nous suivait. Accompagné de la petite chienne de Memmia, sa sœur, il croyait (c'est à cela qu'il était entraîné) à une partie de chasse... Ils n'aboyaient pas, nous voyaient, et cela seul semblait pour eux essentiel et réconfortant

Soudain, il y eut un tournant.

Debout, un pied sur un rocher, entouré de deux militaires, m'apparut... le soldat Rufus ! L'expression de son visage était satisfaite et rieuse. Triomphant, il s'amusait de mon étonnement :

— Plutôt surprise, non ?

Les intentions de Rufus

D'un geste, Rufus ordonna qu'on nous détache. À terre, la tête me tourna, je vacillai et dus m'asseoir. Mais retrouvant mes esprits, je bouillis instantanément de colère et de déception.

— Quelle trahison ! J'avais demandé à mon père de ne pas me rechercher. Comment peux-tu remplir cette basse mission ? C'est indigne de toi ! Et dire que j'ai plaidé ta cause pour que Sextius te pardonne de l'avoir trompé ! Quel jeu joues-tu depuis le début ?

J'étais accablée. Memmia ne disait pas un mot. Elle tentait, en femme mûre, de mesurer les forces en jeu. Elle avait appris de longue date à se soumettre au destin, depuis exactement la mort de ses parents et son enlèvement à onze ans, la rendant esclave ! Et à se taire. Ce n'était pas mon cas ! Elle me regardait, indulgente.

— J'ai retrouvé ma mère, continuai-je en tremblant, le sais-tu ? Mon père t'en a-t-il informé ? Je veux rester avec elle ! Je t'en prie, ne nous oblige pas à te suivre. Écoute seulement mon histoire et tu me comprendras... Mon père, je ne veux plus le voir ! Il n'a pas de parole ! Lis donc sa lettre de traître et de menteur !

— Silence, Livia, calme-toi ! Et écoute-moi : ce n'est pas ton père qui m'envoie. J'ai pris seul la décision de te retrouver. Je t'expliquerai les choses plus tard, ce soir si nous le pouvons. Car un long voyage nous attend. Sache que je suis maintenant sous les ordres du nouveau consul Cnaeus Domitius Ahenobarbus, et non sous ceux de ton père. Vasio était sur la route des Alpes où je me rends pour accomplir une mission. Je vous emmène. Nous allons en pays allobroge !

Dans notre stupeur réduite au silence, au seul nom d'« allobroge », nous échangeâmes, Memmia et moi, un regard complice où luisit aussitôt le même espoir. Celui bien sûr de revoir peut-être Saodas, Fulvia et le petit Bimmos, les anciens esclaves des Sextii, enfuis de Massalia avec Memmia, devenus nos amis. Eux au moins nous aideraient... Car je fomentais déjà l'idée, seule issue possible, de nous échapper de ce drame...

Non je ne voulais pas retourner vers mon père, ni surtout vers mon grand-père, qui avait dit tant de mal sur moi, sur Memmia et sur mon éducation. Elle le redoutait tout autant. À nous alors, si Rufus nous laissait ensemble, de mettre au point une stratégie, d'élaborer un plan ! Soit maintenant, tant qu'une petite distance nous séparait encore de Vasio, soit au retour, en revenant près des Voconces, des Cavares ou des Salyens... peuples gaulois du Sud que nous connaissons maintenant.

Car nous reviendrons forcément un jour de ce territoire allobroge vers Massalia...

Et Drutos surtout, qui m'avait enlevée pour servir ma mère, n'était-il pas un prince allobroge ? Il me sauverait, lui, puisqu'il me devait la vie ! Je repris espoir.

Je mesurai notre chance dans notre malheur. Nous partions vers une région où se trouveraient au moins trois personnes connues (sans parler des horribles acolytes de mon ravisseur, ces brutes de Vindex et Briès qui, après tout, se feraient peut-être un plaisir de mettre en pièces des Romains !). Toute autre direction en Gaule nous aurait menées vers des inconnus...

Mais qu'allait donc faire Rufus chez ces Gaulois ? Il s'écarta et revint, tenant à la longe deux chevaux.

— Il n'est pas temps de parler mais d'avancer avant la nuit. Posons un pacte. Je vous sais capables de le respecter et très bonnes cavalières. Toute tentative d'évasion entraînera de lier vos mains jusqu'à la fin d'un voyage qui peut durer longtemps.

« Officiellement et pour tout le monde, vous serez

deux esclaves échappées que j'ai rattrapées dans leur fuite et que je ramène à bon port à Massalia. Pour toi Memmia, c'est vrai, et pour toi, Livia, cela te permettra peut-être d'apprécier plus tard la liberté dont jouissait une fille de consul...

Sa moue était narquoise. Rufus n'avait perdu ni sa gaieté ni son humour. Et il avait tout prévu !

— Il est évident que je ne peux te traiter ni selon ton rang ni selon le respect que je devrais à la belle jeune fille que tu es devenue...

« Non, il n'y a aucune chance que les populations que nous allons rencontrer fassent des courbettes à la fille d'un général romain ! Tu serais même une proie possible ! Leur envie serait plutôt de décorer leur porte avec ta jolie tête coupée ! On parle aussi là-haut de sacrifices humains pour apaiser leurs dieux...

Je croyais rêver. Rufus jouait carrément les sauveurs, alors que c'était lui qui m'enlevait du lieu de paix où je vivais et où personne ne coupait les têtes des jeunes filles !

— La règle que j'instaure ne supportera aucune discussion, aucun aménagement. Devant deux esclaves romaines, les Gaulois seront indifférents, ou, qui sait, même peut-être avenants ? Il va sans dire que vous ne prononcerez pas un mot gaulois. Car je me doute que vous en avez appris beaucoup en un an... Telle que je te connais, Livia...

Un clignement des yeux de Memmia m'indiqua que je n'avais pas le choix, qu'il fallait tout accepter. Rufus ne me ferait jamais de mal, j'en étais sûre. Il connaissait ma nature vive et emportée mais savait que ce qu'il m'imposait était possible.

— Je crois que tu aimes jouer la comédie, n'est-ce pas ? En voilà l'occasion !

La légèreté avec laquelle il me parlait, détendu et rieur, m'exaspérait. Memmia intervint :

— Soldat Rufus, Livia t'obéira et moi aussi. Sache quand même, avant que nous partions, ce que j'en pense. La dernière lettre du général est dans le sac de Livia qui, fort heureusement (et comme une nomade !), ne s'en sépare jamais. Tu pourras la lire ce soir. Je pense que tu fais une erreur grave et que tu t'immisces dans une destinée qui ne te regarde pas. Car c'est aux dieux et non à toi de décider de leurs retrouvailles un jour...

Rufus la regardait, tel un enfant contrarié. Il perdit son air gai, se rembrunit et asséna d'une voix dure :

— J'ai dit : pas de discussion ! À cheval, l'une à l'avant, l'autre à l'arrière !

Quatre des Romains, qui faisaient boire leurs chevaux, furent payés par Rufus et repartirent aussitôt en sens inverse. Travail accompli visiblement. Sans doute avions-nous été dénoncées et trahies malgré toutes les précautions de ma mère, par l'un d'entre eux... Notre groupe était désormais de cinq cavaliers et de deux mules(18), chargées. En file, nous suivions Rufus qui ouvrait la route vers une gorge rocheuse. Où allions-nous ? Memmia et moi, qui avions un peu exploré la région, n'étions jamais parvenues si loin...

Les chevaux étaient calmes. Le mien avait une robe noire et grise, un œil tranquille, une bouche rieuse, une croupe énorme et confortable. Il me plut. Ce serait peut-être un ami ? Je repensai à mon gentil cheval, à ce jour fatal où mon père, Rufus et moi, cavalions vers le futur emplacement d'Aquae Sextiae. Jour de mon enlèvement. J'étais alors une enfant...

Plus nous avancions, plus le paysage prenait des couleurs rousses, avec des arbres rouges ici et là, éclatants. Mais la beauté du monde était triste pour moi. Je pensais à ma mère, au récit qu'avaient dû lui faire les villageoises... La mélancolie me saisit, je me mis à pleurer... Tous ces rochers gris, imposants, si tourmentés dans leurs plis géologiques, m'écrasaient. L'immensité de cette montagne convulsée me montrait combien j'étais seule et si petite sur cette terre. Je pensai à Rome, à sa vie grouillante de monde, aux marchés encombrés, tout cela était si loin... L'envie de fuir disparut alors peu à peu. Ma terreur de la solitude dans ces montagnes de

18. Animal hybride introduit par les Romains, capable de porter de lourdes charges.

plus en plus grandes prenait lentement la place de mon envie de m'enfuir.

Les chevaux voulurent boire et nous descendîmes au bord de l'eau. Cette rivière ne ressemblait plus au grand courant profond de l'*Ouvèze*, c'était un torrent de montagne qui roulait ses pierres grises. Son lit était large, et une eau sautillante y coulait, formant des petits trajets sinueux. Commençait devant nous la vie sauvage de la montagne. Galgo s'approcha de moi, il était très fatigué et s'étendit sur les galets. Je demandai à Rufus si je pouvais le prendre dans mes bras sur le cheval.

— Oui, car dans cet état de fatigue, si nous croisons un loup, il ne fera qu'une bouchée de ton pauvre chiot !

Évidemment la perspective de voir un loup nous glaça. Avait-il souhaité, en employant le futur, faire régner la peur ? C'était réussi ! Car je n'avais jamais vu cet animal dont on parle tant. Et maintenant c'était sûr, je n'avais plus la moindre intention de confier à Memmia un quelconque plan d'évasion !

Celle-ci, poursuivant son idée, profita de la pause pour lui tendre la lettre de mon père :

— Tiens ! Lis donc ce que ton général a écrit à sa fille ! Tu nous diras ensuite si c'est une bonne idée de la ramener à Massalia et de lui faire, en plus, affronter tous les dangers de la Gaule ! Ne viens-tu pas, jeune inconscient, de parler des loups ? Veux-tu lui ramener une jeune fille en morceaux, déchiquetée par des crocs ?

Pour la première fois ce beau soldat, dont je dois dire que depuis toujours, en secret, j'appréciais l'humour, malgré la situation, m'apparut comme un imbécile, doublé d'un gamin. En effet, pourquoi ne pas m'avoir enlevée à son retour ? Il écoutait Memmia sans broncher, comme un enfant se fait gronder... Il prit nerveusement la lettre et la lut :

Caius Sextius Calvinus

Aquae Sextiae, l'an 633
15e jour avant les Ides de Septembre(19)

Ma fille,

Mon année de consulat en Gaule est terminée depuis quelques mois. J'ai accompli mon devoir. Voilà la région libérée des peuples salyens, cavares et autres qui l'attaquaient. Massalia, reconnaissante, est désormais tranquille, et peut à nouveau commercer dans ses comptoirs méditerranéens(20)*.* *Les relations entre Grecs et Romains sont excellentes.*

Rome m'envoie architectes, géomètres, arpenteurs et techniciens de l'eau... Certains, y servaient ton oncle Claudius... La République soutient totalement mon projet de ville, qui assied notre puissance romaine en Gaule.

19. Soit le 1er septembre 122 av. J.-C.
20. On appelle comptoir un port de commerce lointain dépendant d'une cité ou d'un État.

Beaucoup de paysans, gagnés par le chômage actuel[21] *dans les campagnes romaines, sont arrivés ici, et la distribution à bas prix des bonnes terres fertiles de la plaine de l'Arc a été assez simple. De nombreux coteaux sont déjà plantés de vignobles qu'il nous faudra agrandir et améliorer par des greffes. Les rives de l'Arc ne sont pas marécageuses, et le climat (malgré le vent !) y est bien meilleur qu'aux alentours de Rome. Nous y avons déjà construit des baraques pour l'été, et les familles commencent à arriver.*

Une partie des Salyens sauvée par Craton[22] *travaille à la création d'un quartier de ma ville, où ils seront ensemble. Un métallurgiste, qui a quitté Entremont, y est déjà installé... Tu seras contente d'apprendre que j'utilise toutes les compétences gauloises, bien utiles. Leurs meilleurs artisans sont sous les ordres de l'équipe de mon frère arrivé il y a peu... (qui te salue et m'a montré pour toi une grande inquiétude !).*

La ville a été inaugurée comme il se doit. J'ai donc fait graver sur une pierre : « Sous les consulats de Cn. Domitius et C. Fannius, C. Sextius Calvinus fonda en Gaule une ville où sont les eaux Sextiennes des Salyens. » Trois commissaires de l'État romain sont venus, ont déposé dans une fosse ronde les fruits et la poignée de terre apportée de Rome. Puis, attelant à une charrue au soc de cuivre un taureau et une génisse blancs

21. Beaucoup de citoyens romains, engagés dans des guerres, confiaient les domaines agricoles à des esclaves. Le travail rémunéré diminua. Il y eut chômage et crise de la République.
22. Moyennant un accord, ce Salyen avait eu le droit de choisir neuf cents de ses compatriotes à épargner.

(cherchés en Camargue*), nous avons marqué d'un sillon profond les limites que j'entendais donner à la ville (et dont je t'avais montré les contours). Nous avons ensuite sacrifié ces deux bêtes à Hercule et Minerve. Ce sillon rencontre celui que le druide salyen avait tracé, le remplissant des restes d'un banquet sacré, d'outils, de meules et d'amphores lors de la cérémonie dédiée au dieu Borvo, qui avait eu lieu, souviens-toi, le jour même où tu fus enlevée... Voilà pour la ville !*

Quand j'ai su que cette Crixia Valmarros était complice de ton enlèvement, j'ai voulu la tuer. Mais lorsque j'ai appris qu'elle t'avait soignée d'un de tes malaises et que tu avais été bien traitée, j'ai freiné mon élan. Maintenant que je te sais au loin, sa mort ne me servirait plus à rien. Elle habite donc toujours l'oppidum d'Entremont avec ses nièces.

Poursuivre Memmia, Saodas et Fulvia pour les punir (je te rappelle que la fuite d'esclaves mérite la mort !) aurait mobilisé des hommes dont j'ai besoin. J'ai vraiment autre chose à faire et suis occupé sans discontinuer !

Je n'habite plus à Massalia. Depuis ton enlèvement, mon vieux père, si fier pourtant de ma victoire en 632, a perdu envers moi toute amabilité. L'atmosphère familiale est devenue irrespirable : et moi, je ne suis plus en âge d'entendre ni ses ordres ni ses critiques ridicules de vieillard sur l'éducation de ma fille ! Je suis bien mieux parmi des gens qui me respectent, m'obéissent et pensent à créer avec moi un nouveau monde civilisé !

J'ai été heureux bien sûr de te savoir en vie et sauve.

Cependant le ton de ta lettre, son contenu sont contraires à tout ce que je pense. À présent, tu ne me sembles plus du tout adaptée à la vie romaine. Tu as retrouvé ta mère, soit ! Je peux même comprendre que tu veuilles la connaître, bien qu'elle nous ait cruellement abandonnés. Ce qui reste inadmissible.

Mais, en voulant rester loin de la famille des Sextii, tu ne te montres pas fidèle ni à l'éducation très privilégiée que tu as reçue, ni à mon adoption. Tu trahis mon nom et tu me déshonores tout à fait en devenant une Gauloise ! Tu entaches même ma gloire !

À quoi donc te servira de parler si bien le grec, maintenant que tu vas vivre dans les forêts profondes, parmi les ours ? À quoi te servira l'art de la nage quand tu n'auras plus de piscines ni de thermes ? À quoi te serviront nos règles d'hygiène quand tu te laveras désormais comme un animal dans les ruisseaux ? À quoi te serviront l'observation et la fréquentation des chantiers d'architectes puisque tu vivras dans une hutte, entre la terre battue et son toit de chaume ? À quoi te servira enfin la science de lire, écrire et compter parmi un peuple d'illettrés ? Je crois que ma fille a décidé de revenir à la barbarie ! C'est une honte !

Comment peut-on refuser le progrès ? C'est absurde !

En conséquence, je ne te conseille pas de revenir, tu n'es plus ma fille, je ne suis plus ton père, je te renie ! Tu es allée trop loin. L'obéissance était ton devoir de fille romaine. Je reste furieux. Et non, je n'irai pas te chercher ! Salute !

Caius Sextius Calvinus

Rufus sembla contrarié et s'assombrit. Il tendit la lettre à Memmia qui la remit dans mon sac.

— Cela ne change absolument rien ! déclara-t-il avec sécheresse. On lui fera une surprise !

Cette remarque me déplut profondément. La troupe repartit pour quelques heures, vers un endroit prévu, une bergerie bien couverte.

C'est dans cette grange que j'écris maintenant, enroulée dans une couverture de laine, à la lumière du feu de bois. Je n'ai pas trouvé le sommeil et tout le monde dort, nos tendres chiens contre nos jambes.

Il n'y a pas longtemps que cette bergerie a été quittée et nettoyée. Deux énormes meules de foin attendent le prochain berger, avec des fagots de genêts et de buis géants ; tout cela sent fort et bon.

En arrivant, les soldats, très entraînés aux campements, ne furent pas longs à nous aménager une couche, à faire griller des viandes et à partager le pain. Plus tard, ils rangèrent tout et accrochèrent au toit, bien emballé, ce qui restait.

— On ne sait jamais, si un ours avait l'idée de nous faire une petite visite nocturne... !

Cette phrase nous empêcha d'avoir la moindre envie de faire un tour dehors ! Bien sûr, en tant qu'esclaves (ils y croyaient fermement) nous n'avions eu droit qu'à de petites parts de nourriture... et surtout, hélas, de la part des deux soldats, à des regards impudiques qui me glaçaient, mais amusaient Rufus, prêt à rire de tout. J'entendis même leurs paroles lorsque, Memmia endormie, Rufus vint s'asseoir près de moi : « Il les prend au berceau maintenant ? », plaisanterie douteuse qu'il entendit mais ne releva pas.

Je réalisai à quel point avoir été déclarées « esclaves en fuite » allait nous attirer des ennuis de ce genre... Voilà que j'étais propulsée « femme » et proie facile pour les hommes. Car aucun soldat romain n'a de respect pour les esclaves, et surtout les femmes. Mon père, en aimant ma mère, fut l'exception qui confirme la règle !

Il décida de me parler en grec, ce qui nous permit une certaine liberté. Lorsqu'ils entendirent que je parlais grec, puis virent que je savais lire et écrire, ils en furent, je le vis, impressionnés, et leur regard changea. Car en fait, à Rome, il y a toutes sortes d'esclaves, des plus basses aux plus hautes fonctions. Ils eurent alors un peu plus d'estime...

— Rufus, osai-je, franche, dis-moi où nous allons.

— Vers les Alpes. Ma mission est d'aller porter le message de Rome au roi salyen d'*Entremont*...

— Le roi Toutomaros, celui qui a échappé à mon père et s'est réfugié chez les Allobroges ?

— Oui. Te rappelles-tu aussi que j'avais été leur prisonnier autrefois ? Et que j'avais appris le celtique ?

C'est pour cette raison déjà que ton père m'avait engagé dans son armée... Pour lui, j'avais pu ensuite mener les négociations avec le Salyen qui avait eu la vie sauve, ce Craton... Et c'est maintenant encore la même raison qui a poussé Rome à me donner cette mission de messager !

Ce que j'appréciais quand même, au passage, c'est que Rufus ne se plaigne jamais de son année de captivité, alors qu'elle avait dû être pénible à ce jeune Massaliote plein de fougue. Il faisait un avantage de tout, et c'était une très grande qualité.

Alors que j'hésitais à aborder le sujet de sa trahison envers mon père, c'est lui-même qui en parla, se sentant sans doute coupable...

— Oui, j'ai gardé des contacts avec ce peuple, car, pour être libéré, j'avais dû accepter une dette. Elle est acquittée maintenant. Et tu sais la vérité : c'est moi qui ai volé à ton père les papiers pour Ourittakos à Glanon, ainsi que ton certificat d'adoption pour le Gaulois qui réclamait ces écrits. Je ne pouvais pas faire autrement.

Il justifiait tranquillement la trahison pour laquelle mon père, scandalisé, l'avait chassé de chez lui ! Puis, à mes yeux, il aggrava encore son cas, dévoilant ses intentions :

— Maintenant je connais bien tous ces peuples ! À part leurs qualités de guerriers et leur art de la lutte (là oui, ils m'ont appris bien des coups !) je peux te dire ma conclusion : ils ont absolument TOUT à apprendre de nous ! Le projet du grand Ahenobarbus est de faire de la Gaule transalpine une région romaine ! Ils ont tout avantage à accepter, car nous leur amenons le progrès. Ces barbares n'en ont même pas idée !

Je commençais un peu à bâiller, il m'endormait. Je croyais entendre mon père. Je ne voulais plus écouter... Il n'avait AUCUN respect pour les peuples gaulois. Écœurée, je remis au lendemain l'envie de prendre des nouvelles de ma famille massaliote. Je caressai Galgo, cette boule de tendresse qui tenait bien chaud...

Hélas, est-ce l'émotion ? Après un moment de sommeil, mes yeux se rouvrirent et j'écris maintenant depuis des heures, à la lueur du feu...

J'écris le 14e jour avant les Calendes de Novembre[23], au poste-frontière.

Où finit le pays voconce... L'entrée en Allobrogie

C'est une chance pour moi, ce soir, de pouvoir écrire mon journal. La journée a bien commencé par un bol de ce délicieux thym des montagnes, pendant que Memmia brossait le poil de nos chiens.

— Heureusement il fait beau ! dis-je en voyant les poussières blondes voler dans le soleil.

— Le temps va changer. Le froid arrivera après le col de *Soubeyrand*[24]. Les marnes seront plus dures et s'ourleront de gel. Prenez du miel ! Et ceci !

Il nous donna de douces capes de lapin cousues et des bandes de tissu à enrouler sur nos jambes.

La route descendait dans la vallée, à l'endroit où confluent l'*Eigues* et l'*Oule*, au pied d'une immense

23. Le 16 Octobre -122.
24. Nom actuel, 994 m.

falaise grise. Dans les airs, de grands aigles prenaient leurs aises et leurs circonvolutions dans le froid sec semblaient porteuses de messages. Hélas je n'ai pas cette science, mais je sais que l'aigle infléchit le destin. Pour Pénélope, il avait signé le futur massacre... Des frissons me parcoururent.

À flanc de montagne, un chemin étroit suivait la rivière. Au bout, une énorme roche se dressait avec ses strates géantes. Rufus heureusement, reconnaissait chaque mont... Nous devions lui faire confiance.

Nous passâmes un nouveau claps(25) où cette fois les cascades étaient gelées. L'espace encaissé rendait l'atmosphère angoissante. Nous entrions dans un autre monde : âpre, austère, celui des montagnards, livrés à la grande nature sauvage. Memmia et moi, habituées à des espaces urbains, n'étions pas rassurées. Aussi, quand la largeur de la route le permit enfin, Rufus nous laissa-t-il cheminer côte à côte. Notre peur l'arrangeait.

C'est alors qu'une grande nostalgie me prit, là, au cœur des hauts rochers : j'eus le rêve de Rome, de mon banc dans l'*atrium*, des meubles tournés et peints, de la vaisselle précieuse, des tissus de Berytus rapportés par mon père : pourquoi avais-je tant voulu en partir ? Comme mes amis et l'école me manquaient soudain !

25. On appelle *claps* dans le Sud un chaos de gros blocs de cailloux éboulés.

Et mon maître grec ! Et l'incroyable magasin médical d'Arcagathos[26] ! Et la douceur d'un climat sans gel !

Depuis un an, je n'avais jamais éprouvé de tristesse, tout occupée à connaître ma mère et à m'adapter à ses côtés au mode de vie voconce. J'étais si fière d'être la fille de cette prestigieuse savante, je désirais tant marcher sur ses traces ! Au point d'en oublier Rome... Et là, dans ces montagnes perdues et sombres, c'est la belle ville de marbre et de brique qui me revenait, avec tout son monde de toges et de tuniques claires !

De sa vie à Rome avec moi, avant mes cinq ans, ma mère m'a parlé et m'a expliqué beaucoup de choses. Et même si je ne peux pas lui pardonner, j'essaie néanmoins de la comprendre... car maintenant je suis grande et je sais que *la vie ne nous mène pas où nous voulons* !

Elle m'a dit des choses surprenantes, comme par exemple le cadeau (qu'elle me montra), que lui avait fait mon père, très riche à son retour de Syrie : le *Livre des plantes* d'Aristote et celui de son élève Théophraste[27], superbes ouvrages, mais qu'elle avait pu lire seulement par bribes, chaque fois qu'elle croisait un Grec lettré... (Quel bonheur pour elle, depuis notre arrivée, d'avoir connu Memmia qui le lui a traduit !) Elle m'a confié

26. Son magasin a été créé à Rome en 219 av. J.-C.
27. Ces deux philosophes grecs, auxquels il faut ajouter Empédocle, ont écrit des traités sur la nature dans un véritable esprit scientifique de botanistes.

aussi qu'elle soignait volontiers les habitants de notre maison de Rome, jusqu'aux douleurs de nuque de mon oncle, ce que personne jamais ne m'avait dit !

— L'esclavage, m'a-t-elle expliqué, m'est devenu atroce dès lors que j'ai su qu'il serait impossible à ton père de m'épouser, que je ne retrouverais jamais ma liberté, et que donc je devrais renoncer aux études interrompues en Ibérie... Je n'ai pas pu.

— Et moi, me parlais-tu de toutes ces plantes quand j'étais toute petite ?

— Je ne peux compter, ma fille, les heures passées ensemble à herboriser dans la campagne romaine ! Toi tu aimais surtout cette petite fleur que l'on appelle « immortelle », tu en faisais des bouquets qui se gardaient à toutes les saisons...

— Alors est-ce toi qui m'as donné ce goût des plantes ? Je n'en ai pas de souvenir.

Mon impression était étrange : il me semblait que nous reprenions, sept ans après, une conversation interrompue ! Et maintenant à nouveau arrêtée...

— Livia ! Ton cheval ralentit... Tu rêvasses ! Allons, accélérons plutôt dans la descente vers la *Druna*[28]. Si mes informations sont bonnes, à droite se trouve le

28. La Drôme.

Vercors, derrière ces arbousiers. *Luc-en-Diois*[29] est encore un village voconce, près d'un bois sacré, nous y trouverons charcuterie et fromages.

Soudain déboula sur le chemin un imprudent chevreuil, traversant pour aller boire en bas. Nos chiens le pistèrent comme des fous tandis que l'un des soldats lui décocha une habile flèche.

— La charcuterie sera-t-elle bien utile ? Ce soir nous mangerons du gibier aux herbes de montagne !

Nous arrivâmes au claps de la Druna, énorme éboulis de roches en équilibre, comme rageusement lancées par le Cyclope. Ici, la rivière elle-même était dangereuse, gonflée par les récentes pluies d'avant Samain. Enfin, cet endroit inquiétant dépassé, nous débouchâmes sur une bonne route, bien carrossable[30], dans une vallée élargie et plus rieuse où paissaient quantité de moutons. Nous croisâmes une charrette pleine de marne qui allait fertiliser un champ labouré. Ici et là des hommes semaient le blé et l'orge avant l'hiver.

Après le col de *Cabre* apparurent au loin de très hautes montagnes. Nous arrivions dans la plaine du *Buech*, bientôt aux limites du territoire voconce. Le

29. Nom actuel d'une ville qui fut plus tard une capitale voconce : *Lucus Augusti*. Un *luc* en gaulois est un bois.
30. Future voie romaine et route gauloise très empruntée. Durant l'Empire romain, plus tard, Luc sera supplantée par Die, qui deviendra une ville plus importante.

paysage devint grandiose : des sommets enneigés, une rivière argentée dans le soleil, qui se faufilait en milliers de petites cascades entre les pierres grises… et partout autour : des cultures et des champs ! Après le pays sauvage, une autre Gaule, très peuplée, où de grandes fermes produisent beaucoup de céréales…

Dans cette majestueuse vallée, des gammes de gris et de beiges d'une grande douceur contrastent avec les plissements violents et torturés des rochers. Toutes ces strates sont les témoins d'un autre temps où les dieux ont soulevé toute la terre et même, paraît-il, retiré la mer… La civilisation du roi Minos n'a-t-elle pas été ainsi engloutie il y a plus de mille ans ? Les Grecs le racontent… Et nous ? Serons-nous engloutis ?

Le jour tombait, Rufus avait bien calculé son temps, car nous arrivions au camp romain, installé en face d'un oppidum voconce, poste frontière à péage. Après la paix de ces paysages où se déroulait sereinement la vie des hommes laborieux, nous revenions aux hommes guerriers, défenseurs de terres. Que de contrastes !

Les soldats romains accueillirent avec joie trois des leurs et se donnèrent de grandes tapes dans le dos. En revanche, ils se moquèrent des deux « esclaves » et ils nous parlèrent mal. J'étais terrorisée. Rufus nous emmena vite dans une cabane d'hôtes.

J'écris le 11e jour avant les Calendes de Novembre(31), à Larina.

Devant l'oppidum de Larina

Rufus était nerveux. Voilà trois jours, depuis la frontière voconce, que nous avions quitté toute présence romaine et que nous traversions rudes montagnes et cols glacés. Trois jours que nous dormions dans des abris sommaires pour voyageurs. Jamais je n'aurais imaginé voir tant de forêts et surtout tant d'herbe ! Nous eûmes même de la neige, en longeant la vallée du *Drac*. Je n'avais jamais vu ces myriades de petites plumes partout. Comme si tout un paysage pouvait devenir délicat et irradier de lumière, chaque branche redessinée... Certes, nos peaux, nos bonnets et manteaux nous protégeaient du froid, mais il nous tardait d'arriver quelque part.

Nous avions changé plusieurs fois de direction, les informations sur la présence du roi salyen ici ou là se

31. Le 19 octobre -122.

révélant fausses. Enfin nous apprîmes que Toutomaros était à l'extrême nord du territoire, invité d'honneur à un mariage princier.

J'étais très curieuse de voir pour la première fois de ma vie un roi ! J'imaginais un trône, une épée fabuleuse, des tissus pourpres et beaucoup, beaucoup d'or ! C'est ainsi que les rois de Rome étaient décrits avant la République, possédant toutes les richesses terrestres et ayant le peuple à leurs pieds.

Personne, à aucun prix, ne doit savoir ici qui je suis : fille de l'ennemi, je n'ai aucune chance, sinon d'être otage. Mon intérêt principal est donc de jouer le jeu de Rufus, de mentir, et de bénéficier de sa protection. Ce dernier, j'en suis sûre aujourd'hui, ne me veut pas de mal. Il est, au contraire, plein d'attentions.

Il y a peu, il m'apporta un col de renard, acheté à un vendeur ambulant au carrefour des routes. Là-bas se tenait un grand marché couvert, avec du vin, des vivres et des vêtements fourrés. Je remarquai que très peu d'achats s'y faisaient avec de l'argent monnayé. Il accepta pourtant les pièces massaliotes(32) de Rufus mais ce ne sont pas leurs habitudes. Selon la vieille coutume, les gens font plutôt ici du troc, des échanges d'objets. Je vis par exemple une très belle couverture

32. De telles pièces de monnaie ont été retrouvées sur place par les archéologues.

tissée partir contre trois gros jambons fumés, ou encore des épices d'Italie contre du miel de sapin, ou aussi, du cuir à chaussures contre de l'huile d'olive... On racontait partout qu'une amphore d'un vin étrusque délicieux s'était vendue la veille contre... un esclave ! Ce fait nous glaça car combien coûterions-nous alors Memmia et moi ?

Le troisième jour, très haut sur une falaise blanche, un oppidum impressionnant se profila, au carrefour de deux rivières. Plus j'avance en Gaule, plus je constate que beaucoup d'oppida se ressemblent : perchés sur un haut plateau, ils dominent un paysage qui leur apparaît dans sa totalité, où le voyageur ne peut qu'être repéré. Nous l'étions donc depuis longtemps par des guetteurs à la vue exceptionnelle. La place forte, de prime abord, semble inaccessible, le rempart montre à quiconque qu'il arrive chez un peuple puissant. Puis, on trouve à l'arrière une route sinueuse qui inquiète par ses lacets mais finit par arriver à une porte de la ville, porte charretière en général, doublée d'une porte pour les piétons.

À l'extérieur, le long du rempart, souvent sont installés les tentes ou les baraquements des gens de passage. C'est la place des chevaux et de leur abri, celle aussi des tas d'ordures qui, comme chez nous à la sortie des égouts de Rome, engraisseront les potagers au printemps. Il arrive aussi qu'on y mette au rebut, avant de les brûler, des tas de chaumes quand on a changé une toiture... Bref, les abords des villes sont parfois chaotiques ! Mais ici, aujourd'hui tout était différent, tout était nettoyé et de grandes toiles étaient accrochées au rempart...

Rufus avait fait briller ce matin son armure et celle de ses deux soldats. Il avait perdu toute décontraction et me faisait penser à mon père, digne, beau et froid.

Mon père, lui, ne rit presque jamais, c'est un homme de mission, de devoir, que je crois *in fine* sans cœur. À présent, maintenant qu'il m'a reniée, j'ai changé d'avis sur lui. Je pense, avec le recul, que la tendre lettre que j'avais reçue à Rome, si gentille, n'était destinée qu'à m'amadouer, pour m'attirer à Massalia. Une stratégie de plus ! Sans doute était-il sincère dans son désir de voir sa famille réunie... mais il n'avait jamais songé à ce qu'en onze ans sa fille avait pu devenir, élevée sans père ni mère. Il attendait ma stricte obéissance... car il est d'abord un commandeur, qui parle à tous avec autorité et toujours à l'impératif !

— Attends-toi à voir des barbares de toute espèce ! Nous arrivons au milieu d'une grande fête où je sais qu'est réunie toute l'aristocratie allobroge ! Ils sont là jusqu'à leur fête de Samain, pour une quinzaine.

En effet, il régnait au pied de ce rempart une grande agitation ; une vingtaine de larges tentes y étaient adossées. Dès que nous eûmes passé les derniers lacets, le son d'un de ces cors qu'ils taillent dans des cornes fusa du haut du rempart. Il lançait un ordre. Aussitôt quelques Gaulois armés nous firent descendre de nos montures, attachèrent chevaux et chiens, et nous guidèrent jusqu'à la porte piétonne. Mon cœur battait fort ! Nous passâmes au milieu d'une foule joyeuse, dont les cheveux blonds me frappèrent. Memmia et les trois Romains, avec leurs boucles noires, furent remarqués. Les gens s'écartaient avec méfiance. À la porte, l'un des gardiens fit des gestes clairs : pas question de nous laisser entrer ! Rufus prit la parole en gaulois et n'eut pas besoin de dire qu'il représentait Rome, le soldat l'avait reconnu. Après un bref échange, Rufus nous annonça :

— Le territoire royal est sacré. En ce jour de fête aucun étranger ne peut entrer : le roi marie sa fille à un prince helvète[33]. Les délégations des régions voisines se succèdent, certaines camperont ici jusqu'aux neiges, ce qui explique cette animation.

« Or le message de Rome ne peut attendre ! Aussi me laisseront-ils quand même entrer. Avec les cadeaux bien sûr que nécessite toute ambassade. Vous patienterez ici, vous ne vous ennuierez pas... On se croirait aux arènes ! Je vous laisse un soldat et vous invite à la prudence...

33. Ce peuple est suisse.

Ma déception de ne pas voir les deux rois fut atténuée par l'ambiance de fête très agréable qui régnait au-dehors. C'était l'heure de manger, ils se rassasiaient autour de feux de plein air. Certains faisaient de la musique et préparaient des spectacles de jonglerie ou d'acrobatie. Enfin, avec ces amusements, se finissait la folle sauvagerie des montagnes traversées !

Les Allobroges avaient un incroyable accent traînant mais je saisissais leur langue. En revanche je ne comprenais pas un mot d'helvète(34). Tout le monde, malgré notre absence totale de ressemblance, s'accordait à nous croire mère et fille ; certains nous croyaient étrangères et porteuses de présents. Les Allobroges, par politesse, nous entraînèrent vers un lieu de repas collectif et nous servirent une bonne soupe aux lentilles. Puis une femme nous apporta des galettes d'épeautre qu'elle avait fourrées de fromage, quel délice ! À mon cou, elle regarda les deux perles de verre données par ma mère, et les croyant sacrées, les toucha, yeux fermés.

Soudain j'entendis d'horribles cris qui déchirèrent toute la fête. Mais on se tut à peine, car chacun comprit vite que ce n'était pas grave.

— C'est un cochon qu'on tire avec des cordes vers la mort. On dit qu'il la connaît et crie sa dernière liberté !

34. L'helvète était une langue germanique.

Ses hurlements ne durèrent pas longtemps. Je vis passer un énorme chaudron. Les gens chantèrent ensemble les louanges de ce gras animal qui allait tant les réjouir, un chant que j'avais déjà entendu à Vasio et qui remerciait la déesse veillant sur les animaux domestiques. Le cochon, apprit-on très vite, était offert aux invités des campements extérieurs. Tout le monde applaudit.

— Tu parles latin ? entendis-je soudain derrière moi.

Un homme un peu voûté arrivait avec une belle cruche pleine de jus de pomme. Il ressemblait à un sage avec sa belle barbe blanche, mais je devais me méfier, surtout que Memmia s'était un peu éloignée...

— Et toi qui sais ma langue, que fais-tu ici ?

Le sourcil du soldat romain qui me surveillait se fronça et il se rapprocha pour écouter ; je ne pus l'éviter... L'homme s'assit à côté de moi, et je ne sais pourquoi, content sans doute de parler latin, me raconta toute son histoire :

— J'ai eu longtemps un maître romain, venu se soigner dans les Alpes et que j'ai dû suivre... Je vous suppose esclaves vous aussi... J'ai vécu là-bas, dans ces très hautes montagnes, jusqu'à sa mort. Aujourd'hui j'ai quitté l'altitude, mais les dieux alpins, ceux qui touchent rarement la terre, m'ont gardé. Car ils m'ont appris l'extraordinaire beauté de leur monde... celle auprès de laquelle nous ne sommes que des moustiques agités. Moi, je crois qu'un jour les maîtres du monde ont plissé la terre comme ce tissu que je froisse. Là-bas chaque pli est visible et c'est ce qui est si beau...

— Sûrement... mais on doit y rencontrer aussi des peuples dangereux et des animaux sauvages !

— Des animaux oui, mais des peuples sauvages certainement pas ! Quelle légende ! s'exclama-t-il amusé. Moi aussi, je le croyais avant d'y vivre. Évidemment rien n'est comme à Rome, c'est seulement une autre vie, c'est tout ! Quand mon maître est mort, ses enfants m'ont vendu à un Helvète. Comme je savais planter et tailler la vigne, ils m'ont fait descendre de mes montagnes pour vivre près d'un lac, aux sources du Rhin... C'est là-bas que j'habite maintenant... loin d'ici !

— Dans une cité lacustre ? m'exclamai-je.

J'avais entendu parler de ces peuples qui habitent sur l'eau dans des villages tout en bois sur pilotis...

— Ainsi vivaient, tu as raison, leurs très lointains ancêtres[35] paraît-il, mais plus personne aujourd'hui !

— Ah, c'est dommage... car vivre sur l'eau doit pourtant être extraordinaire...

— À tel point, c'est vrai, que certaines familles de

35. Aujourd'hui tous ces pilotis ont été retrouvés par les archéologues. Au bord du lac de Constance, un village helvète est reconstitué au musée d'Unteruhldingen. Il y a en Suisse environ deux cents sites lacustres répertoriés. Ce type d'habitat s'est terminé en 850 av. J.-C.

pêcheurs sont restées ensemble et continuent d'honorer leurs ancêtres, dans la nostalgie de ces eaux qui montent et descendent au fil des saisons, de ces maisons sans terre, sans prédateur, sans vermine. À cause des berges inondables, ils vivent maintenant sur des collines... comme mon maître.

— Alors, de là-haut, vous voyez à la fois vos vignes et le lac au loin, ce doit être très beau quand même !

— Ajoutes-y le spectacle des neiges éternelles au fond... Oui, c'est magnifique. Je suis maintenant habitué aux eaux douces du lac et je ne veux plus jamais en quitter les abords ! D'autant plus que j'ai été affranchi depuis, et que je travaille pour lui de mon plein gré… Notre vin est… Mais que vois-je ? Nous ne sommes pas la seule tribu d'un lac à venir féliciter le roi ! Ô Cernunnos le Plus-Cornu, je vois arriver ces Allobroges du divin lac de Genua(36) ! Et je connais bien le prince qui les accompagne. Excuse-moi, je dois aller le saluer ! À plus tard !

Je pensai cet homme un peu fou, il n'avait rien d'un sage. Il ne s'était même pas étonné de notre présence, ne m'avait pas demandé le moindre détail sur ma vie et filait... vers un cortège dont dépassaient des casques à cornes richement décorés. Je l'appris par la foule : cette tribu apportait le fabuleux ambre de la Baltique !

36. Genève, aujourd'hui en Suisse, *Genava* pour les Romains, dernier oppidum allobroge au Nord-Est.

Merveille des merveilles, remontée par le Rhin !

Je profitai de la confusion générale créée par leur arrivée pour échapper à l'œil du soldat. Je rattrapai mon interlocuteur :

— Dis-moi ton nom ! Ne veux-tu rien savoir de moi ?

— Ah non ! Je n'aime ni me souvenir de Rome ni de Paestum où j'ai vécu ! Mon nom est Gallicus ! Je suis content d'avoir parlé à une jolie demoiselle qui aime écouter les vieux ! C'est rare ! Au revoir !

Et il disparut. Je rejoignis Memmia, qui me donna des nouvelles de nos chiens qu'elle était allée nourrir. Mais elle voulait des explications sur mon escapade.

— Figure-toi, lui dis-je surexcitée, qu'en ton absence j'ai conversé avec quelqu'un qui parlait latin ! Un homme bizarre qui vit chez les Helvètes. J'ai voulu le rattraper pour savoir son nom... car il a habité comme toi Paestum... Il s'appelle Gallicus !

Et je vis alors ce que je n'avais jamais vu : ma solide Memmia devint violette comme une figue, jaune comme un coing, puis blanche comme un narcisse. Elle s'affaissa d'un coup, comme empoisonnée. Je criai.

En un instant j'eus la conviction que j'allais être seule sur cette terre, que j'allais perdre mon joyeux feuillage et la sève de ma vie ! Allait-elle mourir ? J'eus l'idée de me servir de la petite fiole de ce jus mystérieux dont elle use quand je m'évanouis.

Je suppliai le dieu des Allobroges que je ne connaissais pas, je l'appelai « esprit des Montagnes de neige », implorai son secours et lui promis un sacrifice. En un instant je vis mon avenir tracé : sans ma nourrice, mon rempart à moi, Rufus m'emmènerait tout de suite vers mon père qui m'interdirait à tout jamais de revoir ma mère et me marierait aussitôt à je ne sais qui... Je serais perdue... Non, je ne voulais pas vivre sans elle !

Et, ô merveille ! Elle revint de l'autre rive !

— Livia, dit-elle dans un râle, je dois voir Gallicus ! Te souviens-tu de mon amour de Paestum parti pour les montagnes avec son maître ? C'est lui, c'est sûr ! Va le chercher, supplie le soldat de t'accompagner, vite, avant que Rufus ne revienne !

Voilà que cette jolie fête pleine de tissus, de chants, de cadeaux (un homme arrivait à ce moment peinant à porter deux bois de cerf géants, quel beau cadeau !) se transformait pour nous en drame !

— Une telle coïncidence n'arrive pas deux fois dans une vie ! Faites vite ! Merci Orthia[37], sacrée entre toutes !

Le soldat avait compris, amusé d'avoir à régler une amourette d'esclave ! Tout cela, il me le dit, lui semblait ridicule, mais divertissant ! Il suffirait de faire vite le tour du convoi helvète.

37. Grande déesse des femmes, honorée à Sparte, ville de naissance de Memmia.

De fait, la silhouette voûtée et la barbe de Gallicus ne furent pas difficiles à repérer. Je lui reparlai :

— Excuse-moi, mais quelque chose de grave est arrivé. Te souviens-tu à Paestum d'une esclave grecque, une Spartiate nommée Memmia Thalétas ?

— Oh... bien sûr ! Mais que sais-tu, jeune fille ? Personne ne doit plaisanter d'un premier am...

— Memmia est ma nourrice et m'accompagne depuis des années... Elle est là.

— J'en appelle à Esus, dieu des Carrefours ! Une telle chose est-elle possible ?

— Là-bas sous la tente jaune... Elle t'attend, aussi troublée que toi !

Il détala, comme aspiré par un souffle. J'étais consciente que cette rencontre allait bouleverser notre vie déjà si compliquée. Maintenant qu'elle n'était pas morte, pouvais-je la perdre quand même ? J'étais anxieuse... Le convoi arrivait et garait les charrettes sur un grand terre-plein.

Alors, fermant le cortège, arrivèrent plusieurs cavaliers prestigieux, portant casques cornus, très longs boucliers rouges, et peaux de loups sur les épaules. L'un d'eux, magnifique, se retourna... Et ce fut à mon tour d'avoir un choc : le prince Drutos en personne était là !

J'écris le 10e jour avant les Calendes de Novembre(38), à Larina.

Deux hommes fiers, l'affront

Comme Drutos avait changé en une seule année ! Ses épaules avaient forci et on l'aurait maintenant dit taillé dans le roc. Son visage était lumineux et réjoui. Son allure à cheval montrait désormais sa puissance, et sa domination d'homme. Il m'impressionna.

Lui aussi resta légèrement interdit par la situation. Un instant qui me parut vertigineux se perdit dans le temps, comme une goutte d'eau parfois s'arrête de glisser sur une surface. Je ne sus moi-même ni que dire ni que faire, incapable de bouger ou de prendre une décision. Lui-même était suspendu aussi, l'instant arrêté, au milieu de la foule.

Soudain se produisit un brouhaha désagréable.

38. Le 20 octobre -122.

Quatre Allobroges, dont je pensai qu'ils venaient accueillir Drutos, fendirent la foule pour ouvrir le passage à quelqu'un. C'était Rufus ! Furieux, jurant tant qu'il pouvait, se dirigeant vers nous, visage sombre, fermé, bouche crispée. Ses mâchoires enserraient sa colère. Je vis qu'il bouillait. Je ne reconnaissais plus le soldat qui, par son humour, avait tant distrait mon père au combat, et me faisait rire moi aussi !

— Qu'est-ce que tu fais là ? me hurla-t-il. Et toi, bougre d'âne, tu l'accompagnes ? Elle ne devait pas sortir de la tente !!! jeta-t-il à son soldat.

— Nous sommes venus par curiosité, voir défiler les cadeaux pour les mariés ! As-tu jamais vu plus grandes cornes ? Regarde ! tentai-je pour l'adoucir.

Immobile, Drutos écoutait tranquillement cette conversation en souriant de ses belles dents. Puis, toisant Rufus, il avança son cheval et le fit saluer à sa place. Humiliation.

— Que fait donc un Romain sur nos terres ? lança-t-il.

Intelligent, il fit semblant de ne pas me connaître. Rufus, lui, ne savait pas que Drutos avait été mon ravisseur (il ne lui avait pas remis en mains propres les papiers volés à Massalia). Mais il repéra le torque d'or au cou de Drutos, sut qu'il était de sang noble, calma aussitôt sa colère et déclara :

— Prince, je suis l'envoyé de Rome, venu pour parler aux rois réunis et conclure des accords de paix.

Mais il n'en a pas été ainsi. Si tu es de la confédération allobroge, sache que l'heure est grave, très grave ! Et que vos chefs font la pire erreur de leur vie : d'abord en combattant les Éduens nos alliés, ensuite en refusant de nous livrer Toutomaros ! Les dés sont joués !

— Dans ce cas, si tout est si grave, se moqua Drutos ouvertement, que fais-tu là avec une belle jeune fille ?

— Cela ne te regarde pas ! Et ne t'avise pas de t'occuper de nos esclaves ! repartit aussitôt le Romain.

Drutos toussa vivement, rit bruyamment mais ne fit aucun commentaire. Nous échangeâmes un regard impuissant. Il fallait se taire.

Rufus m'entraîna brutalement vers la tente. Au fond se tenaient Memmia et Gallicus, souriants et en intense conversation. Mais Memmia sentit tout de suite une grande tension et s'excusa auprès de Gallicus. Ce dernier en profita pour aller se chercher un peu d'hydromel, spécialité qu'il appréciait.

— Que se passe-t-il, Rufus ?

Il s'assit comme un bloc de pierre, but deux bolées de cervoise, puis déclara :

— Il n'y a strictement rien à raconter. Nous avons rejoint de justesse Toutomaros, qui s'apprête à gagner Vienna, la capitale allobroge. Ils ont refusé radicalement toutes les propositions d'Ahenobarbus pour une paix romaine. Mon message est donc très lourd de conséquences : c'est une déclaration de GUERRE !

Mon souffle s'altéra devant cette terrible nouvelle. Le mariage, les cadeaux, la rencontre avec Gallicus, la présence de Drutos, ce monde joyeux s'assombrissait !

Rufus nous révéla combien pourtant, au départ, il était confiant, prêt à négocier généreusement le retour du roi à *Entremont* parmi les siens...

— Mais ce chien n'est que fureur ! Celui-là luttera jusqu'au bout, jusqu'à extinction des Salyens ! J'ai espéré ensuite que l'Allobroge Viridomaros (39) se désolidariserait, mais au contraire, Toutomaros lui a offert son torque et a même fait chercher son trésor, pour, a-t-il dit, le lui « confier au-delà de la mort » !

— Alors il avait bien emmené le trésor des Salyens avec lui, comme l'avait soupçonné autrefois Crixia ?

— Oui, c'est la raison pour laquelle ton père ne l'a jamais trouvé.

Je me gardai bien de lui raconter que j'avais découvert les coffres contenant les têtes coupées, et ne parlai pas davantage de l'épée pliée enterrée au pied du chêne, trésors inestimables pour les Salyens.

— Le roi est-il le seul réfugié du peuple salyen ?

— Non, trois grandes familles, devenues allobroges depuis, avaient déjà fui avant les combats. Elles avaient

39. Le suffixe *maros* signifie grand, illustre.

quitté le Sud pour d'autres pays aux bonnes sources. Car même si les langues varient, leurs dieux restent les mêmes et ils adorent tous Borvo le Bouillonnant, ici autant qu'à *Entremont*. Ces peuples n'ont pas peur des migrations ; après un séjour ici, ils ont gagné les régions des Alpes hautes[40].

Heureusement, Rufus s'était apaisé en me parlant. C'est alors qu'un Allobroge entra et nous déclara fermement que les Romains étaient désormais, surtout au cœur d'une noce, indésirables, eux, leurs animaux et leurs affaires ! Memmia et moi étions sans doute ces « affaires ». Rufus parvint à négocier la nuit, moyennant une petite amphore d'huile précieusement gardée. Mais nous avions obligation de partir dès le lever du jour.

Rufus calmé, Memmia alors put s'écarter. Elle voulut passer la nuit à parler encore avec Gallicus. Elle avait juste eu le temps de me dire qu'il était maintenant marié à une Helvète dont il avait des enfants et qu'il allait, lui aussi, repartir assez vite vers les montagnes... Le reste de ce qu'ils se sont confié cette nuit-là, je ne le saurai jamais ! Mais je remercie la déesse Fortuna d'avoir permis qu'au milieu de l'immense monde, ils aient pu se revoir. Je me suis endormie bercée par leurs chuchotements et leurs rires.

40. On peut les imaginer à *Aquae* : Aix-les-Bains.

La nuit finissait à peine lorsque nos deux chiens, enfin récupérés la veille, se mirent à hurler de concert. Les tentes s'agitaient. On entendit quelques cris de gens surpris dans leur sommeil et des caquètements de poules dérangées avant l'heure. Brusquement ce fut notre tente qu'on ouvrit. Pelotonnée contre le rempart, Memmia et nos chiens, j'avais peur, mon cœur battait trop fort pour ma poitrine. Nous retenions les chiens par leur collier. Le flambeau fit alors apparaître... Drutos ! Ma peur disparut dans l'instant.

Son beau visage était tendu, portait tout le tumulte et la fierté de son peuple, le menton haut et digne. Pour la deuxième fois, l'acier bleu de son regard m'atteignit, dans je ne sais quelle région inconnue sous ma peau. Soulagée, je souris... Memmia me fit signe de me taire.

— Eh bien, nous avons eu du mal à vous trouver ! Soldat Rufus, j'ai un message pour toi.

— En pleine nuit ?

— Oui, les Allobroges ont changé d'avis.

— Le roi Toutomaros se rend-il ?

— Absolument pas. Mais il y a une nouvelle donne que tu as cachée à tous ! Tu as avec toi la fille de ce chacal de Sextius et de la très honorée Voadicia Ias, nous ne pouvons pas la laisser repartir avec toi ! Il n'est pas question qu'elle s'en aille ce matin !

Memmia et moi nous regardions, interloquées,

serrées l'une contre l'autre, retenant notre respiration.

— Tu plaisantes j'espère ? lança Rufus avec la dernière arrogance de celui qui sait qu'il ment. Cette fille, poursuivit-il, est une esclave enfuie que j'ai retrouvée ! Tu te trompes !

L'insolence de Rufus exaspéra Drutos qui contre-attaqua par un grand mépris calme :

— Cesse de mentir, cela te déshonore. Je suis Drutos, fils d'Albiorix et invité du roi. Je connais cette jeune fille, c'est moi qui l'ai enlevée et ramenée à sa mère !

Rufus, glacé, blanchit et serra ses mâchoires l'une contre l'autre, la main sur son glaive.

— Elle restera avec nous jusqu'à ce que tu rapportes la réponse romaine, à Vienna, dans une semaine.

Le plan de Rufus de me ramener à mon père était donc repoussé. J'en étais reconnaissante à Drutos, mais je ne manifestai rien. S'il arrivait quoi que ce soit à Rufus, je savais que Drutos me raccompagnerait auprès de ma mère. Aussi l'espoir revint dans mon cœur. Le Gaulois dominait Rufus d'une bonne tête [41] et le regardait avec les yeux de celui qui mesure sa supériorité.

— C'est moi qui l'ai enlevée des griffes des Voconces. Elle est à moi ! lança alors Rufus.

Ce mot m'irrita instantanément. Étais-je un objet

41. Les Gaulois étaient plus grands que les Romains, et mesuraient en moyenne de 1,73 à 1,86 m.

que l'on possède ou que l'on s'échange ? Est-ce que c'était ça « être une femme » ?

— Je ne suis à personne. Arrêtez !

— Tais-toi. Tu n'as rien à dire ! C'est moi qui décide ! Reste à ta place, Livia ! Et n'aggrave pas les choses !

— Cette fille est jeune, laisse-la donc penser qu'elle est libre, trancha Drutos.

Combien je regrettais ma vie d'enfant ! Et même ma vie sans souci à Rome ! N'y avait-il aucun pays où l'on puisse prolonger l'enfance ? Pourquoi Rufus m'avait-il enlevée ? Et pourquoi Drutos voulait-il lui aussi me garder ? Plus les événements se précipitaient, plus je désirais revenir au grand calme de Vasio, où ma mère m'apprenait paisiblement la botanique...

— Il n'est pas temps de nous affronter, même si j'aime *particulièrement* la lutte à mains nues ! reprit le prince. Réservons ce combat à ton retour ! Tu as un message à porter aux Romains ! Cependant je te poserais bien une question : n'est-ce pas toi le Romain qui fus prisonnier des Allobroges il y a quelques années ?

— Oui c'est moi. J'étais à Vienna. Et alors ?

— Alors ? C'est donc toi qui as volé les papiers... trahi ton général... et qu'on envoie pour négocier ? Pfff !

— Je suis Rufus Postumius Albus ! éclata l'intéressé.

— Tiens donc, en voilà un nom !!! se moqua Drutos. Ne me dis pas que tu es le petit-fils de ce Postumius, dont les Celtes du Pô ont écrasé toute l'armée avec des arbres tombés par la ruse ? Celui dont ils ont tranché le crâne dans lequel leur roi continue de boire ? Ah ! ah ! Quelle coïncidence !

Le défi personnel était extrême, l'honneur atteint. Mais Rufus ne se démonta pas :

— Oui, c'est précisément mon grand-père(42), un très grand guerrier. En gardant son crâne, vous confirmez sa valeur. Oui, je suis romain par mon père et mon grand-père, et très fier de l'être !

« Pour ta gouverne, je n'ai rien fait qui nuise à Rome. J'ai seulement honoré une vieille dette avec vous, les Allobroges. Ce sont des affaires de vie privée... sans rapport avec la puissance de Rome que je représente ! C'est une affaire personnelle qui a brisé les liens entre Sextius et moi... Je souhaite maintenant me racheter, car je lui suis attaché. Il pourra m'estimer à nouveau si je...

Il n'eut pas le temps de finir sa phrase mais je crus comprendre la suite.

— Tu es un ambassadeur que je sache, seule raison pour laquelle nous t'avons reçu ici ! Alors dépêche-toi de remplir ta mission et décampe ! Cette histoire de fille est secondaire ! Es-tu un homme, oui ou non ?

42. L'auteur latin Tite-Live rapporte ces faits à l'an 215 av. J.-C., contre les Boïens, dans la forêt de *Litana*.

Rufus le toisa, humilié, l'œil fulminant de rage. L'interpellant en gaulois, il lui lança au final :

— Et toi, fais bien attention à ta mère !

Les hommes de Drutos cette fois le retinrent de force. Il allait bondir. Rufus aussi était furieux. Leur haine était palpable. On se serait cru dans une arène.

— Livia, je suis obligé de partir. Soit. Je te retrouverai dans une semaine à Vienna. Ils ne perdent rien pour attendre ! Quant à toi, je te sortirai de ce monde de barbares coûte que coûte ! Et toi, Memmia, je t'ordonne de veiller sur elle ; sinon il t'en cuira !

— L'heure n'est pas aux menaces jeune homme, ni à l'arrogance ! osa rétorquer Memmia, sous l'œil amusé du Gaulois.

Les hommes de Drutos nous emmenèrent alors, soulagées, suivies de nos chiens. Le jour était levé mais personne, par respect, n'avait osé relever les grands rideaux des tentes... Je suivis Drutos. Il portait un vêtement dont le capuchon, en fourrure de martre, pendait sur son dos puissant. Ses cheveux blonds, blanchis à la chaux et séparés en grosses mèches, couvraient à peine son cou. Je n'avais pas peur de lui : il me traiterait bien.

Je découvris enfin l'intérieur de l'oppidum de *Larina*. Au contraire d'*Entremont*, il n'y avait pas là de portail encloué des crânes des ennemis vaincus, ni de ville au sens régulier et géométrique que nous connaissons.

Mais de grands espaces herbeux, des enclos à bétail, des maisons dispersées, des greniers sur pilotis aux toits hauts, des arbres nombreux, et un très grand bâtiment commun sur un large plateau. Je voyais pour la première fois un vrai oppidum gaulois, sans que la guerre y soit venue.

Des hommes étaient occupés à construire une deuxième bâtisse en remplissant de paille de grands caissons de bois tenus entre des piliers. D'autres apportaient des lauzes une à une qu'ils empilaient pour le futur toit, pierres qui viennent d'une carrière proche, ai-je appris depuis. D'autres encore transportaient des poutres pour la charpente... Ce gros chantier mobilisait beaucoup de monde. Nous arrivions par un chemin de terre tassée, celui de la future noce, planté de poteaux où étaient accrochés rubans et guirlandes de fleurs.

Installés maintenant dans cette immense maison collective, j'ai le loisir d'écrire enfin. Nous bénéficions, à cause du prestige de ma mère, d'un traitement de faveur. Nous arrivons à converser avec les femmes. Nous les aidons à tresser bouquets et guirlandes, à coudre aussi, assises sur de grands tapis et des banquettes. Hier soir, Drutos est venu nous voir et s'est un peu assis à côté de moi.

— Ah Livia, je suis bien heureux que nos dieux t'aient ramenée vers moi. Je tiens à ce que vous soyez bien traitées... Je n'oublie pas la fille que tu étais il y a un an et qui m'a sauvé la vie. J'ai souvent pensé à toi, à ta vivacité, à tes emportements, et... à tes acrobaties sur le cheval ! Tu n'as pas changé, même si tu es devenue une bien jolie femme...

Memmia se rapprocha alors et voulut interrompre cette conversation. Il n'était pas correct qu'un jeune homme bavarde ainsi seul à seul avec une jeune fille, je le savais très bien, mais ce moment était si doux ! Personne ne m'avait jamais parlé si gentiment. Pour la première fois, je détestai Memmia d'avoir mis fin à cette conversation. Il nous laissa.

J'écris le 6e jour avant les Calendes de Novembre[43], à Genua.

Une destination imprévue

Nous vécûmes quelques jours à Larina. Les cadeaux pour la fille de Viridomaros arrivaient de loin, et la succession des tribus si variées était très distrayante. Ce roi, par ses capacités d'accueil, était connu de tous. Des alliés, avec lesquels il commerce, avaient franchi des montagnes pour l'honorer.

Les Allobroges ont plusieurs chefs sur un immense territoire. Ils racontent qu'ils sont issus des lointains Gésates[44], dont un roi s'appelait déjà, il y a un siècle, Viridomaros[45] !

Parmi tous les cadeaux, je vis passer un métier à

43. Le 24 octobre -122.
44. Le nom de ce peuple gésate viendrait de la « *gaesa* », arme de jet très lourde et célèbre, épieu ferré, qui peut se lancer de loin, même enflammé.
45. Il a perdu la vie contre les Romains, à la bataille de Clastidium, tué des mains du Consul Marcellus, devant son armée de trente mille hommes.

tisser vertical, des tonneaux, des vases, un gros chaudron[46] de bronze dont la poignée représentait deux combattants (celui-là venait, je crois, d'Étrurie), un char à cheval, des coffres, des tissus, des peaux et des fourrures. Quel luxe extraordinaire !

Il y eut surtout le mariage, célébré par une sorte de prêtre qui récita des litanies et fit quantité de gestes pour sceller les deux familles. Un homme alors, appelé « druide »[47], en robe blanche (ce qui ressemble à une toge mais n'en est pas, car il y a des manches) s'avança. Il portait une coiffe d'un gui sacré et tressé qui n'avait pas touché terre, et qu'ils brûlèrent à la fin. On lui apporta en grande cérémonie les dés sacrés de la divination et il fit à l'oreille des mariés bien des recommandations secrètes. L'honneur et la joie d'avoir été conseillés par ce grand savant, connaisseur des astres et du monde, inondait leur visage. Puis le sage homme reprit sa place à côté du roi. Dans l'assemblée, les hommes nobles, aux cheveux courts, portaient des torques d'or, les femmes diadèmes et colliers. Tous les habits étaient magnifiquement brodés. La mariée avait une coiffure faite de dizaines de petites nattes savamment

46. Cet objet est connu : enfoui, vingt ans plus tard dans la tombe de Verna, il se trouve au musée d'Hières-sur-Amby, où il est exposé aujourd'hui, comme tous les objets décrits dans ce chapitre.
47. Ce mot vient de *dru* : le chêne, et *uid* : savant. Le druide connaît l'arbre du monde.

entrelacées. Son collier inestimable, perles de verre bleues et ambre s'alternant[48], marquait sa beauté claire et blonde.

Elle prononça sa phrase d'acquiescement à son mari :

— *Mi ath garaf*[49].

Après avoir accompli les gestes, l'assemblée se rendit, suivie du cortège de la foule, vers un endroit mystérieux : une faille dans la falaise, à côté du sanctuaire. Beaucoup de gens alors offrirent aux dieux un objet qui leur était précieux : instrument de cuisine, objet utilitaire, parure vestimentaire, arme... On dit que, lieu inaccessible[50], cette faille se remplit un peu plus à chaque cérémonie !

De nombreux fermiers venus de loin offraient à Viridomaros la plus belle bête de leur troupeau. Aussi l'enclos fut-il vite plein ! Les cultivateurs étaient les plus joyeux, car ils dansèrent et chantèrent toute la nuit. Les Helvètes et les Arvernes (surnommés partout « les laboureurs »), tous deux peuples des montagnes, avaient les danses les plus entraînantes.

En tant que fille de prêtresse, j'eus droit à une

48. Ce collier se trouve au musée d'Art et d'Histoire de Genève.
49. « Je t'aime », en gaulois.
50. Ces dépôts d'objets précieux, métalliques, celui de Vienne (neuf cents objets) comme celui de Larina (faille de la Chuire : quatre cents objets), restent une énigme pour les archéologues ; on n'en connaît pas le rite exact.

bonne place parmi les convives, tandis que Memmia dut rester à l'écart. Drutos m'avait donné une jolie robe et un châle à carreaux[51] à croiser sur la poitrine.

Les deux bardes chantèrent des heures dehors, sous la lune, et tout le monde reprenait leurs refrains ! Les chansons évoquaient toujours des animaux qui se métamorphosaient, comme dans mon rêve et dans celui de mon petit frère Ategnos ! Je vis des amphores de vin circuler (même de Massalia) et des hommes boire un peu trop. Ils parlaient tous très fort et se succédaient debout sur une sorte d'estrade à raconter de multiples combats. Ils mimaient des prises de lutte qui, ridiculisant l'ennemi, déclenchaient de grands rires !

Drutos, le lendemain, m'expliqua qu'évoquer les exploits leur permettait, outre de passer un bon moment, d'affronter ce qui allait bientôt à tous leur arriver. Car cette folle joie d'hier, ces rires étaient aussi un signe que la tribu allait donner son lot à la guerre.

— Il est très important de célébrer nos héros, de bien boire, de bien manger et de rire avec les femmes ! Et toi, tu étais une *nata uimpi*[52] dans cette robe gauloise !

Il disait tout cela joyeusement et ne montrait aucune peur ni tristesse à l'idée de mourir peut-être au combat. Ils l'avaient déjà décidé : plusieurs peuples prêteraient

51. Ces châles sont une spécialité du Jura.
52. En gaulois : jolie fille.

serment d'alliance à la réunion diplomatique de Vienna.

Drutos me tenait des propos exaltés auxquels je ne comprenais rien : il y a dans la mort, paraît-il, une gloire éternelle pour le combattant... Ce héros rejoint les dieux, et sa vie est emportée par le fleuve éternel du vivant.

Je crus comprendre que pour eux, toute existence est une « partie » de la grande nature qui se renouvelle sans cesse, de durée courte ou longue, peu importe !

Il m'expliqua qu'aucun soldat ne craignait la mort, car il exerçait enfin là les techniques de lutte auxquelles les garçons ne cessaient de s'entraîner. Du corps à corps aux tirs de fronde, du lancer de javelot à l'art équestre, la guerre était un aboutissement !

Pour moi, ce qu'il disait était inimaginable... mais fascinant ! Chaque parcelle de son visage, en parlant, s'animait, tout son corps frémissait de vie. Cela n'avait rien à voir avec l'enthousiasme de mon père ou de Rufus qui à côté, étaient très contrôlés. Drutos, lui, est comme une torche, habité d'un feu que je n'ai jamais senti dans les veines de mes proches. Il est aussi aux antipodes du monde des femmes. Avec lui, je découvre un pan d'existence insoupçonné, comme si la terre elle-même pouvait palpiter sous ses pas, sous ses mots...

Alors que les fêtes n'étaient pas encore tout à fait terminées, notre départ se préparait. Le druide, avec les guerriers les plus nobles, avait même déjà pratiqué la divination et lu dans ses dés à quatre faces, que la guerre serait très dure et nécessiterait beaucoup d'alliances... Il était urgent de préparer la réponse gauloise au retour de Rufus.

Mais soudain un messager allobroge vint porter à Drutos une nouvelle qui le contraria fortement. Plus tard, après avoir arpenté la pièce de long en large plusieurs fois, il me la commenta :

— Quel contretemps ! Voilà que ma mère m'envoie un courrier du lac de Genua sur les bords duquel nous habitons... Malade des yeux depuis quelque temps, elle comptait sur le fameux remède des Helvètes de *Fribourg*, un bâtonnet de collyre qui se délaye dans l'œil et soulage. Mais elle me fait dire que c'est insuffisant, qu'elle ne voit presque plus et a mal. Elle sait que les Séquanes(53) connaissent la médecine de l'œil et pourraient l'opérer... Alors elle me demande de venir la chercher. Veuve de roi et ma mère, ses désirs sont des ordres !

Il lui fallut prendre une décision rapide et trancher. Il déclara alors aux chefs encore joyeusement attablés :

— Je dois partir, on m'appelle d'urgence à Genua. Roi Toutomaros, vous gagnerez Vienna avec une autre délégation. Je vous y rejoindrai le plus vite possible,

53. Grand peuple celte ; territoire de la Saône, du Rhône jusqu'au Rhin (Franche-Comté, Jura).

dans quelques jours... Quand Rufus remontera la vallée du Rhodanos, il donnera la réponse romaine aux Allobroges. J'ai de très bonnes raisons de croire qu'il m'attendra sur place ! Les pourparlers avec les peuples voisins peuvent commencer sans moi.

« Je mettrai à profit mon passage par Genua en essayant d'évaluer le nombre de guerriers que nous pourrons enrôler dans nos montagnes ! La fille viendra avec moi ; ma mère en aura besoin !

Il dit et personne ne broncha. Il s'adressa à moi :

— Je n'ai pas confiance. Je préfère vous emmener. Vous saurez résister aux intempéries, n'est-ce pas ?

Je ne savais que répondre. Cet homme avait maintenant un pouvoir sur moi qui annihilait ma révolte habituelle. Memmia, elle, n'était pas contente : ce trajet dans les froides montagnes la contrariait. Elle craignait pour son dos, bien que le retour soit prévu en charrette. Mais surtout, je le savais, elle avait peur des animaux sauvages ! Fatiguée, elle souhaitait retourner vers les terres chaudes et la Méditerranée...

C'est alors que Gallicus, plus loin, arrêta Drutos :

— Ai-je bien entendu ? Remontez-vous demain vers les montagnes ? Dans ce cas, je pars aussi. Faisons route ensemble !

Memmia alors se détendit complètement et quitta

son visage renfrogné. Soulagée, je laissai aller le destin, couler notre vie imprévisible.

Après les égards de Rufus lors du premier voyage, j'eus droit à ceux de Drutos : il nous apporta deux *caracallae*(54) fourrées de mouton, nous donna des braies doublées et bien étanches. Nous pûmes garder nos robustes chevaux, que Rufus n'avait pas emmenés.

Ce voyage fut en fait extrêmement gai. Gallicus était drôle et jonglait entre les souvenirs de Paestum et sa vie en Helvétie, faisait des comparaisons cocasses, imitait les accents. Il racontait tout avec un humour dont nous n'avions pas l'habitude, faisait des jeux de mots entre les deux langues. Même le sombre Drutos riait !

En deux jours nous arrivâmes à Genua. Le premier soir, nous fîmes étape à l'oppidum de *Chaux-des-Crotenay*(55), dont les falaises sont lavées par deux rivières (la *Saine* et la *Lemme*) qui font des gorges. Sur un plateau très large, paissaient encore tranquillement des troupeaux de magnifiques chevaux avant les neiges. Protégée par un gros rempart, il y a là une ville imprenable, au bord de falaises dont l'assaut est impossible. On y pénètre par une large voie sur l'autre versant.

Dès la grande porte, leur hospitalité fut immédiate,

54. Large cape à capuchon.
55. Au bord du hameau de Cornu, on a longtemps cru (certains continuent à en défendre la théorie, textes de César à l'appui) que l'oppidum de Chaux était Alésia.

bien que Séquanes et Allobroges se fréquentent peu. Dans l'espace sacré et interdit, Drutos, qui est très religieux, alla tout de suite honorer les dieux.

Il paraît que le dieu de ce lieu est vénéré depuis la nuit des temps... Déjà les hommes du passé lui offraient des pierres dont les formes rappellent parfois les animaux, ou encore d'autres, toutes rondes, qu'on dit tombées de la lune(56). En fait, je me rends compte que, partout dans ces oppida où nous passons, vivent des dieux qui, entre les eaux, le creux de la terre et le ciel, sont connus depuis toujours(57).

56. Oursins fossiliés.
57. On sait que, partout en France, ces lieux seront plus tard ceux de chapelles perchées et de châteaux forts.

J'écris le 5e jour avant les Calendes de Novembre[58], à Genua.

Histoires de chiens

Partis tôt, nous étions l'après-midi même à Genua, dernier oppidum du territoire allobroge, frontière avec les Helvètes, au bord d'un lac immense. Sa belle lumière semble venir du très brillant mont Blanc au loin, merveille terrestre et séjour des dieux !

Notre promenade à pied, dans les parfums d'eau, nous amena sur un port tout neuf, où régnait un trafic intense. Ce lac, qu'on appelle Lemanos (de *lem* : grand et *an* : l'eau), relie trois terres : celles lointaines du Nord, celles des Alpes d'où l'on apporte le fer, le sel et le bois, et celles de notre Méditerranée grâce au Rhodanos[59].

58. Le 25 octobre -122.
59. Le Rhône prend sa source dans les sommets des Alpes, et après 220 km en aval, se jette dans le lac Léman, en ressort à Genève et passe en France.

Genua (en gaulois toujours) veut dire « embouchure ». De gros bateaux, amarrés, aussi gros que ceux d'Arelate, y sont chargés de ces transports marchands. Tous les fiers commentaires de Drutos portèrent sur les bateaux qui partaient ce jour-là et rejoignaient le grand Sud...

Sur une large surface du lac réservée au bois flotté, des centaines d'arbres attendaient de voguer, retenus par des piquets. Des hommes debout, aussi légers que des oiseaux, sautaient d'un tronc à l'autre et les maintenaient ensemble. Comme une danse, un envol...

Je veux aussi écrire ici une chose très frappante et étrange, mais dont Drutos ne voulut rien me dire... Au milieu de la ville, sous le bâtiment sacré, sorte de temple au cœur d'un espace vide, se trouve, paraît-il, enterré, un mort embaumé assis, que tout le monde vient vénérer. On dit que cet homme fut un jour offert aux dieux pour apaiser leur colère, il y a de cela plus de deux cents ans... Mais je n'en sais pas plus...

Je me souviens du *pharmakos*, l'homme sacrifié de Massalia, offert à Artémis pour que cesse la guerre avec les Salyens... En Gaule sacrifie-t-on des vies humaines ? Il est interdit d'en parler... mais je crois que oui.

Non loin de là, un événement cette fois, le premier jour, m'émut fortement : le départ de Gallicus vers sa famille helvète, après de tristes adieux... Il passa des ponts de bois construits sur le Rhodanos, entre les deux rives et une île centrale[60]... Il fut très dur, j'imagine, pour Memmia de voir s'effacer au loin dans les brumes d'un lac le seul homme qu'elle ait aimé... Je serrai fort sa main et lui montrai que j'étais là. Pourvu que cela ne m'arrive jamais ! Heureusement que je ne suis pas esclave, car c'est pour cette seule raison que la vie les avait séparés.

Nous sommes hébergées ici dans une maison où il fait bien chaud et où j'écris. Elle est sur le modèle de celles que nous avons pu voir dans les *Alpes*, faite non en planches mais en troncs d'arbres entiers, équarris et empilés. Les murs sont recouverts de fourrures, et quantité d'objets y sont accrochés par des clous. Il peut faire si froid dehors que ce sont ces belles maisons qui apportent la joie de vivre par leurs couleurs et leur ambiance. Il y a ici une « civilisation du bois » aux antipodes de Rome !

Quant aux vertes prairies, elles sont occupées par de grands troupeaux de vaches aux énormes pis. L'hiver, elles ne descendent pas dans les vallées et restent à l'intérieur des fermes, dans des étables dont l'entretien occupe sans arrêt les paysans. Ils y élèvent aussi le porc, et leurs salaisons sont célèbres !

J'observais ainsi le monde, Memmia se reposait,

60. César fera détruire ces ponts en 58 av. J.-C., creuser un immense fossé et construire un mur de 5 m de haut du Léman au Jura, pour empêcher les Helvètes de franchir le Rhône romain.

Drutos m'expliquait leurs habitudes et leurs coutumes, j'étais bien, je ne souffrais de rien. Finalement, je serais volontiers restée là, à voir comment se passe un hiver... Lentement le manque de ma mère s'en allait, comme s'en était allé depuis longtemps le manque de mon père. Je voyais la grande terre et réalisais mon vœu, je notais, saisissant les occasions. Je sentais que j'avais beaucoup de chance d'être avec des gens respectueux et attentifs. Je savais aussi que ce voyage avec Drutos, dont la compagnie me plaisait beaucoup, serait court, aurait une fin et que je devais en profiter...

Il fallut attendre sa mère deux jours. Memmia avait très mal au dos, et l'humidité du lac n'arrangeait pas ses douleurs. Par pure gentillesse (car il avait beaucoup à faire chez lui et de lourdes charges), l'hospitalier Drutos nous proposa une excursion en montagne chez une femme qui pratique la médecine.

— Peut-être a-t-elle un remède à ce mal ? Je suis sûr en tout cas que Livia y trouvera plaisir et intérêt !

Cette femme vivait seule dans la montagne et n'en descendait pas, même au cœur de l'hiver, laissant sa maison s'entourer de neige. Il était impossible d'y accéder à cheval, et nous dûmes laisser montures et chiens bien attachés, avant d'emprunter un petit sentier à une heure de marche. L'air était pur et le spectacle d'une clarté extraordinaire.

Comme il avait déjà neigé une fois, l'herbe était écrasée, un peu jaunie et il n'y avait plus la moindre fleur. La campagne était comme dessinée et nette, sans plus de ronces ni de feuilles aux buissons. En arrivant, Drutos me décrivit le principe des maisons alpines(61), avec une pièce semi-enterrée qui sert d'étable. Étaient accrochées sur la porte plusieurs doubles cornes, principe de vie et de renouvellement, hommage à Cernunnos. Des pierres sèches maintenaient le talus, rigoles et drains dirigeaient l'eau vers des parterres d'herbes cultivées.

Debout, maintenues par des perches entrecroisées, de grandes branches feuillues étaient stockées et faisaient des sortes de murs de feuillage pour l'hiver des bêtes. La femme vivait là, seule. Une de ces femmes ermites pour lesquelles l'apparence n'est plus rien, qui ne s'occupent plus, ne croisant aucun regard, ni de leur coiffure ni de leur habillement depuis de nombreuses années. Elle portait des braies sous sa robe mais n'avait aucun cuir lacé autour des chevilles laissées nues. Une sorte de force de la nature. De son regard droit et franc émanait une puissance. Elle ressemblait aux montagnes.

Elle avait une vache, deux brebis, deux chèvres et un très gros chien à poil long. Dès notre arrivée, je compris

61. En archéologie ce type de maison s'appelle *casa retica*.

pourquoi Drutos nous avait fait attacher en bas nos lévriers : ils n'étaient pas bienvenus. Ce chien était le maître et n'aurait fait des nôtres qu'une bouchée ! Drutos vit tout de suite que j'en avais peur.

— Celui-là doit bien faire dix fois le tien ! Une race vigoureuse et endurante, qui peut tout affronter !

La femme poussa son chien et nous offrit à boire avec un grand sourire. Mais lui, méfiant, me surveillait.

— Alors ainsi vous êtes romaines... et toi, tu es fille de druidesse ? En voilà un mélange exceptionnel !

Elle allongea Memmia sur un long matelas et explora au toucher son dos. À la zone enflammée elle s'arrêta net. Commença alors un massage très vif, avec un baume odorant.

— À l'avenir, il serait bon de la transporter plutôt en chariot qu'à cheval. Les secousses ravivent sa douleur, déclara-t-elle à Drutos. Moi, je ne peux que la refroidir temporairement. Mais je vais lui donner des plantes. Dis-moi, jeune fille, continua-t-elle, je vois que tu observes mon chien… Il a le nom du grand héros Cúchulainn, dont l'épée est foudre. Le connais-tu ?

— Non, jamais ma mère ne m'en a parlé...

— Peut-être qu'à Vasio on ne le connaît pas ? Car son histoire vient de terres celtiques éloignées, celles où le soleil se couche et se fond dans la mer, et au-delà encore sur des îles...

Elle avait pris une autre sorte d'onguent dont elle massait, lentement cette fois, les tempes de Memmia qui s'endormait. Comme elle avait vu mon sourire réjoui, elle me parla avec une grande douceur et semblait heureuse de sortir de son isolement.

— La première particularité de ce héros est d'avoir eu un père prestigieux : le grand dieu Lug[62] ! La seconde est son prénom : Setenta, mot qui veut dire « le chemin ». Ce nom est admirable, car son chemin justement est celui de la connaissance, à chaque épisode de sa vie.

« Dès son plus jeune âge, Setenta montra une force exceptionnelle, troisième de ses atouts. Un jour, son oncle l'emmena avec lui chez le forgeron Culann. Mais son chien, un molosse plein de rage, attaqua l'enfant. De colère, impulsif, Setenta prit alors le chien par une patte, l'écrasa puissamment contre une porte et le laissa pour mort, à la stupéfaction de tous... Hélas, la conséquence imprévue de cet événement fut que le forgeron devint triste, et ne se consolait plus de la perte de son chien. Notre héros s'en émut. C'était une autre qualité.

« Alors, dans sa bonté, le garçon, regrettant son geste, proposa à Culann de monter la garde à la place

62. Cette divinité celtique majeure a trois attributs principaux : une lance magique, le chaudron de Dagda, une harpe. Il est l'inventeur des arts, le protecteur des voyageurs. Son nom entre dans ceux des villes de Lyon (Lugudonon, *donon* signifiant sommet), de Laon ou Lugano.

du chien, tant que le nouveau ne serait pas dressé. L'enfant fut alors appelé Cúchulainn, ce qui veut dire « chien de Culann ». À partir de ce don de lui-même, toute sa vie, Cúchulainn ne fit plus que le bien.

« Pour son peuple, plus tard, il combattit, dit-on, comme le feu. Sa chaleur faisait, paraît-il, bouillir l'eau ou fondre la neige ! On vantait partout aussi sa capacité de métamorphose qui était infinie et son don d'ubiquité. Lorsqu'il entrait en furie, chaque mèche de ses cheveux portait une étincelle, une bosse de sang se formait sur son front, et il devenait invincible ! C'est ainsi qu'il accomplit des exploits fabuleux, aidé de son javelot...

« Mais assez parlé, sortons voir les plantes !

La femme laissa Memmia endormie. Elle nous emmena alors dans une vaste forêt d'automne. Nous pénétrâmes dans le rayonnement roux des hêtres, des charmes et des chênes. Jamais dans le Sud je n'avais vu de saison semblable... La mousse, l'herbe et les feuilles y faisaient un tapis jaune et gris incroyablement doux. Elle ramassa des mousses particulières qui poussent sur ces chênes, m'expliqua leurs vertus pour les blessures et les toux, même celles des brebis... Elle avait une poche de tissu par espèce. J'étais comme enchantée.

Nous entrâmes ensuite dans une forêt de sapins drue et sombre sous laquelle presque rien ne poussait. Le sol d'aiguilles brunes ne permettait qu'une petite fantaisie de champignons. Le souvenir de Cúchulainn, de sa force et de ses métamorphoses me troublait.

Mais la leçon de botanique recommença et j'oubliai tout : car cette femme était un puits de connaissance, elle expliquait le monde visible, lui donnait un sens en me montrant ses vertus cachées. Cela me réconfortait, m'ouvrait à l'infini. Elle me montra des petits pots qu'elle avait placés çà et là pour recueillir la résine. Avec cette pâte, elle concoctait un médicament contre les douleurs, elle en rapporterait pour Memmia.

Puis revint la variété des arbres. Les nuages et le soleil jouaient avec le feuillage, rendant la forêt à sa nuit ou la dévoilant tout à coup. Sur la lisière, elle me montra d'autres espèces alpines spéciales et des champignons qui aiment les bords. Elle m'apprit surtout à déterrer avec une pelle la racine de gentiane...

— Regarde bien, petite, cette racine doit être ramassée à cette saison, quand elle est bien épaisse, mais vois comme elle est longue et difficile à trancher... ses longues tiges peuvent mesurer deux coudées. Voilà un puissant médicament ! Moi, j'en croque un petit morceau chaque jour pour ses vertus toniques...

Subitement son gros chien détala comme une trombe, sa masse musculaire de géant remua à une vitesse folle. Il traversa des bouquets de mûres sans s'occuper des égratignures, le museau collé au sol. Nous

nous étions arrêtés et suivions les craquements de sa course. Mais soudain au loin, un hurlement sinistre se fit entendre et résonna dans toute la montagne. Drutos ne voulait pas me faire peur. Or moi, je connaissais ce chant lugubre « houwouwouwou » pour l'avoir imité bien des fois en jouant avec mon frère à effrayer les enfants de Vasio : c'était le loup !

Nos yeux éperdus cherchèrent un refuge, et la vieille dame ordonna aussitôt à Drutos de me porter... Elle désigna non loin de là un de ces abris de bois que les chasseurs mettent dans les arbres pour guetter le gibier et les viser à l'arc : on pouvait y tenir à trois, serrés.

Malgré la peur ambiante, je peux bien l'écrire dans un journal que personne ne lira, il fut délicieux d'être soulevée de terre et portée dans les bras de Drutos ! Je m'accrochai à son cou et sentais son souffle contre mon oreille. À ce moment-là, bien sûr, je n'avais plus peur de rien. J'étais même comme dans un rêve, oubliant le danger. L'esprit humain est bien étrange quand il efface des sentiments pour en mettre d'autres à la place !

La petite échelle fut montée quatre à quatre. De la plate-forme, hors de danger, nous pûmes alors observer le spectacle, tassés les uns contre les autres (on ne peut pas dire que cette femme dégageait une bonne odeur de propreté, même si ce sont les Gaulois qui ont inventé le savon !). Dans la forêt immobile, les oiseaux s'étaient tus, et trois loups dont deux jeunes s'avançaient, légers, souples, escaladant les rochers éboulés. Leur pelage était marqué de blessures sanglantes qu'ils s'arrêtaient souvent pour lécher, agacés. Se mordillant l'un l'autre, agités, ils flairaient nos traces.

Ils parvinrent jusqu'au bas de l'échelle, humant la zone et tournant en tous sens. Nous ne faisions pas un geste. Mais ils savaient que nous étions proches.

Par chance, un fracas de branches vers le haut de la forêt révéla soudain la présence d'un sanglier. Nous entendîmes nettement son sabot et ses grognements. Nos trois loups détalèrent en hurlant et disparurent dans des bruits de branches cassées et de rochers. Ils avaient faim et ce gibier arrivait à point. Étions-nous sauvés ? La femme nous interdit de bouger et descendit seule, visiblement encore inquiète.

Nous aperçûmes alors à l'horizon une silhouette. Un pauvre animal boitait et traînait vers nous un arrière-train qui semblait lui peser. Ses gémissements déchiraient le silence : le chien de la vieille dame, blessé, revenait ! Elle se précipita. Son molosse venait de dépenser ses dernières forces pour la rejoindre. Il se coucha de côté, étalant ses nombreuses blessures, lécha encore une fois sa patte ensanglantée et appuya sa tête sur le tapis de feuilles. Les mouches ne faisaient plus frémir sa truffe, plus rien ne l'atteignait. De grosses larmes coulèrent alors sur les joues de notre hôtesse.

Brusquement, elle se leva, disparut à l'arrière d'un rocher où se trouvait une petite clairière. J'avais peur que les loups ne reviennent et ne l'attaquent. Car elle était sans la moindre défense, Drutos n'ayant pas d'arc. Puis elle réapparut promptement avec une herbe, cette reine-des-prés qu'on trouve partout, et la fourra dans la gueule de son chien. Ensuite elle couvrit ses plaies des feuilles de myrtillier que nous avions ramassées dans un des sacs. Comme nous descendions l'aider, elle m'expliqua leur effet antihémorragique. Elle appuya très fort sur la plaie, mais le chien ne réagissait plus.

— Les loups sont loin maintenant. Drutos, s'il te plaît, tiens cette patte, pour que je puisse faire un garrot !

C'est alors qu'il s'adressa à moi :

— Ne peux-tu rien faire, Livia ? Pauvre blessé !

— Mon chien est bien vivant, je le vois, dit-elle, mais il est évanoui et en état de choc.

— Vous savez, lui confiai-je tout en passant à l'action, j'ignore moi-même ce qui autrefois avait apaisé le mal de Drutos... Je sens... je sens en effet une grande chaleur qui monte dans mon bras. Comme si l'énergie, restée concentrée dans cette patte, devait circuler à nouveau.

Je me mis à passer ma main brûlante au-dessus du corps de l'animal, qui réagit en effet et se détendit. Au bout d'un moment, était-ce l'effet de la reine-des-prés ou de mes soins, il reprit connaissance et ouvrit d'abord un œil vers sa maîtresse. Il lui envoya ensuite un grand coup de langue et chercha à se relever. Il y parvint et réussit à faire quelques pas sur trois pattes. Il relevait, par réflexe, la patte blessée, comme s'il la préservait.

Notre herborisation bien sûr s'arrêta là, le temps quand même de ramasser le serpolet qui servirait d'antiseptique. Le chien tomba plusieurs fois, et nous ne fûmes pas trop de trois pour l'aider à soulever sa masse. À sa première chute nous pûmes constater que la jambe n'était pas cassée. Au retour, il s'allongea près du feu et ne bougea plus que pour se lécher, leur salive étant pour les chiens parfois le meilleur médicament.

La vieille femme nous emmena rapidement dans son grenier où séchaient quantités de plantes. Elle donna à Memmia un paquet de feuilles et d'écorces de frêne à prendre en décoction contre ses rhumatismes, et deux pots de terre : l'un contenant une pommade de mélèze, l'autre les précieuses gouttes de résine.

Pour la remercier, Drutos acheta une autre pommade, cosmétique, à base d'edelweiss, cette merveilleuse fleur régénérante qu'on ne trouve que dans les *Alpes*. Il la paya avec du sel et du lard qu'il avait apportés dans son sac, ce dont elle fut ravie. Depuis très peu de temps, les Allobroges frappaient leur monnaie[63] ; aussi Drutos lui tendit-il une petite pièce d'argent toute neuve, mais elle n'en voulut pas !

Avant de partir elle me prit à part, mais sans Drutos pour traduire, et avec son accent j'eus du mal à comprendre. Je saisis : « Toi pouvoir. Toi avoir le don. Toi médecin, princesse ! »

Je me souviendrai longtemps de ce visage, ridé comme une noix, soulagé et souriant. De sa solitude dans la conversation des plantes. Et de son chien auquel j'avais transmis peut-être suffisamment d'énergie pour qu'il se relève !

Nous fûmes heureux de retrouver nos chiens et chevaux en bon état, n'ayant pas vu les loups. Memmia, elle, allait beaucoup mieux, mais eut beaucoup d'effroi rétrospectif de m'avoir sue en danger... Puis elle apprit ce que j'avais fait au chien et me regarda tendrement. En revanche je ne lui dis pas un mot de l'émotion qui m'avait prise d'avoir été soulevée de terre par Drutos...

Quand le soir apporta sa brume sur le lac de Genua, après toutes ces péripéties, arriva enfin la mère de Drutos, Rhodia, bien installée sur des fourrures au creux d'un beau char à quatre roues. Elle était aussi blonde que son fils était roux et avait une peau très blanche.

63. Les premières monnaies allobroges datent de 130 av. J.-C.

Une sorte de bandeau sur ses oreilles rabattait ses cheveux vers l'arrière, et la rendait encore plus altière. Ses yeux bleus ne laissaient en rien paraître qu'elle n'y voyait plus.

Bêtement je la saluai mais elle ne me répondit évidemment pas. Je ne sus pas ce qu'elle disait à son fils qui l'aidait à descendre, tout ankylosée du transport en char, mais je remarquai le ton sec et exaspéré d'une femme visiblement très autoritaire, qu'un rien (donc Memmia et moi) dérangeait dans ses projets. Elle ne parlait pas un mot de grec ni de latin.

Drutos vint un peu excuser sa mère :

— Elle sait que tu es romaine. Autant que tu le saches, elle n'apprécie pas que tu sois là, ni que je t'aie gardée avec moi. Elle prend également très mal le fait que j'aille à Vienna, et se montre indifférente aux lourdes responsabilités qui m'attendent dans cette réunion des régions(64). Elle voudrait, ne pensant qu'à elle, que je l'accompagne jusqu'au bout, le long de la Sequanna où elle va soigner ses yeux(65)... Elle m'aurait voulu à ses côtés, moi et personne d'autre ! J'ai toujours eu ce genre de souci avec elle ! Elle veut régner sur moi comme sur tout le monde... et exige beaucoup de son unique fils...

64. César dirait : « des Gaules ».
65. Les Séquanes (la déesse *Souconna* a-t-elle donné Saône ?) avaient pour spécialité de soigner les yeux. Des instruments de chirurgie oculaire ont été retrouvés par les archéologues.

Sa mère ne jugea pas bon non plus qu'il me parle et l'interrompit. Je l'entendis ensuite prononcer le nom de ma propre *matir*[(66)], mais rien n'apaisait son humeur.

Le soir, avec Memmia, nous partageâmes nos impressions. Il faudrait bien, dès le lendemain, voyager avec cette personne désagréable et hautaine... Ce serait un mauvais moment à passer. Nous n'avions pas l'habitude de ce genre de femme et plaignions son fils.

La nuit qui suivit fut pleine de rêves : j'y entendais les ordres cruels d'une louve, j'y consolais nos chiens effrayés, j'y dévalais des pentes abruptes, me griffant aux ronces et aux piquants rochers...

Quand vint le matin, je décidai, cherchant la paix, de me promener avec Galgo près du lac. J'allai jusqu'au quai de bois encore désert et montai sur la passerelle, plus loin encore que la palissade qui protège des vents. L'eau était immobile dans l'ouate imprécise des brouillards qui stagnent. C'était magnifique...

Un banc dominait le paysage et je m'y assis, protégée par le dieu Sylvain des bateliers. Hélas, au lieu du calme espéré, me vint un de ces malaises d'autrefois, presque oubliés... et je vis soudain sous mes yeux une énorme ville romaine, ceinte de remparts. Je tremblai.

Galgo, je crois, s'affola et détala pour chercher

66. Mère en gaulois.

Memmia, brave et rapide lévrier, aussi affectueux que l'était le gros chien de la montagne pour sa maîtresse. Je sus plus tard qu'en effet, conduite par lui, Memmia était accourue. Elle me répéta ce que j'avais dit : « *Genava*... pont coupé... mur contre Helvètes et peuples de l'Est... Statue géante de bois, arc de triomphe, grand port, écoles ! Rome à la montagne[67] ! »

Mon rêve et ma vision me firent cette fois une peur inhabituelle. Car je crains que ce soit signe de guerre...

Cette nuit est la dernière dans cette ville aux si blancs sommets. J'y écris tout cela avant notre départ pour Vienna, demain.

67. En effet Genève *(Genava)* sera une belle ville romaine, et un mur sera construit de Genève au Pas de la Cluze, dans le Jura. Une statue géante de 15 m de haut a été retrouvée récemment dans le port par les archéologues, dont la fabrication n'est pas romaine mais postérieure à l'époque de Livia.

J'écris le 4e jour avant les Calendes de Novembre(68), à Vienna.

Chapitre 10

À la croisée des chemins ?

Nous partîmes pour Vienna en petit convoi, la *benna*(69) nous obligeant à emprunter une voie large et bien plate. Celle-ci longeait le Rhodanos en partie, empruntait des gorges et parfois montait bien haut.

La mère de Drutos souffrait des yeux, et devait mettre souvent du collyre. Il fut décidé qu'un linge sur les yeux la fatiguerait moins, et sa tête fut appuyée sur des coussins. Elle me demandait souvent de lui décrire des paysages qu'elle connaissait bien. Elle faisait alors un gros travail de remémoration et me posait des questions pour savoir si ceci ou cela était toujours au même endroit... Heureusement, cette activité nous rapprocha,

68. Le 26 octobre -122.
69. C'est le mot gaulois pour « charrette ».

et sa mauvaise humeur disparut par moments. Une fois même, alors qu'elle avait mal, elle me prit la main et osa me dire :

— Livia, c'est bien cela ? N'es-tu pas cette fille dont mon fils m'a dit qu'elle avait le don ? Ne l'as-tu pas apaisé alors qu'il avait glissé dans le bassin de Glanon ? Ne pourrais-tu faire quelque chose pour mes yeux ?

Je ne sais pas si ce que je fis allégea sa douleur mais je parvins au moins à l'endormir plusieurs fois durant le voyage... ce qui me valut la reconnaissance de Drutos.

Nous avions quitté le Pays-des-Sapins(70). Plus aucune chance de croiser un rat des *Alpes(71)* ou une perdrix des neiges, souvenirs précieux et uniques. Nous devions arriver en fin d'après-midi, et les chevaux cavalaient presque gaiement. C'est alors qu'un fait extraordinaire se produisit. Au carrefour d'une route, j'eus (il semblait décidément qu'elles n'étaient pas vraiment passées avec l'enfance) à nouveau une brève vision : celle d'une ville de brique et de pierre, alors que nous traversions un hameau de quelques maisons de bois(72).

Cet étourdissement me provoqua un malaise qui nécessita de s'arrêter. Je devais boire à la fontaine. Drutos en profita pour honorer le dieu des Carrefours

70. *Sapia-ouidia* ou *Sapaudia* : la Savoie.
71. Marmotte.
72. Ce hameau sera la ville romaine d'Aoste dans la Drôme (Augusta).

qui permettait que notre voyage se déroule en toute tranquillité. Je revis le même petit dieu tricorne que j'avais vu à Glanon et fus frappée de la ressemblance de nos pratiques gauloises et romaines. Y a-t-il un dieu des Carrefours dans toutes les régions du monde ? Changeait-il alors seulement de nom ? Taranis est-il Jupiter comme il est déjà Zeus ? Mêmes bouquets, mêmes petits bols d'aliments offerts. Ni Hécate, ni Janus n'étaient là bien sûr, mais c'était tout comme ! Je suis sûre que nos dieux s'entendent, même s'ils n'écoutent pas les mêmes chants. Je déposai une poignée de noisettes gardées dans ma poche et y ajoutai deux fleurs de bleuet, cueillies pour les yeux de Rhodia.

C'est alors qu'en me retournant, je fus stupéfaite de ce que je vis : attaché devant une maison fleurie, au milieu d'une basse-cour agitée, je reconnus « mon » cheval salyen ! Comment était-ce possible ? C'était sans équivoque. Me revint, en un éclair d'émotion, le voyage vers *Entremont*, notre cavalcade avec mon père et Rufus, le jour de mon rapt, puis plus tard nos retrouvailles et mes acrobaties sur son dos.

Drutos, occupé à faire boire les chevaux, n'allait sans doute pas tarder à le reconnaître aussi. Je me souvins d'un coup, du changement de cavalière à Tarusco après Arelate : tandis que Memmia embarquait avec moi sur le Rhodanos, il était devenu ensuite la monture de Fulvia et de son bébé, le petit Bimmos[73]...

Ainsi, dans cet immense pays allobroge, ce dieu des Carrefours avait-il voulu que je m'arrête là et que je les retrouve ? Quel bonheur espéré!

Memmia n'avait pas fait attention au cheval et se demandait bien pourquoi je me précipitais pour le caresser, mais Drutos identifia tout de suite ce cheval de Camargue qu'il avait acheté, après ma démonstration d'équilibriste, aux éleveurs Salyens !

— Par Epona[74], déesse qui fait changer le monde !

Je racontai tout à Memmia qui descendit du char. Au bout de quelques instants (le cheval, content, hennissait !), la porte de la maison s'entrouvrit, et un petit garçon de deux ans et demi passa sa jolie bouille, à peine éveillée de la sieste, pour voir qui était là. Ô prodige des dieux qui nous accompagnent, oui, c'était bien ce petit Bimmos que j'avais aidé à naître à Rome ! Memmia se précipita et l'embrassa tant qu'elle put. Il se laissa lécher les pieds par nos chiens et riait fort, chatouillé comme aiment l'être les petits enfants. Arrivèrent alors du lavoir, en contrebas, ses parents essoufflés, qui hurlèrent de joie en nous voyant.

— Je t'en prie, Drutos, donne-nous au moins une heure, pour le repos des chevaux ! Sois gentil !

73. Tome 2 : à Tarascon après Arles, Memmia fut embarquée sur le Rhône avec Livia, prisonnière, tandis que les autres, libres, longeaient à cheval par la route.
74. Epona est la déesse celte des cavaliers.

Nous nous embrassions tous. Fulvia nous fit entrer, installa confortablement la mère de Drutos. Celle-ci, descendue contrariée de sa charrette, fut vite ravie de goûter à l'hydromel pour cette fête ; nous parlions tous latin, sauf Rhodia, mais elle n'en tira pas ombrage.

Invité, Drutos fut vite étonné de la familiarité évidente entre le géant Saodas et moi, mais aussi, me confia-t-il plus tard, par mon attitude générale avec eux. Car je n'en traitais aucun comme un esclave et ne leur montrais aucune supériorité. Il m'avoua même qu'à cet instant, pour lui, j'avais cessé d'être une Romaine.

— Figure-toi, Drutos, que pendant toute mon enfance cet homme m'a accompagnée dans Rome, il était mon gardien et protecteur ! Mon cher Saodas, depuis le Berytus(75) de ta jeunesse, tu en auras vu du pays ! Alors, comment t'adaptes-tu à ta nouvelle vie ?

— N'importe qui s'adapterait je crois, à la liberté retrouvée ! Et à la paternité ! Vois-tu que Fulvia attend un deuxième enfant ? Tout va très bien pour nous !

Et avec beaucoup d'animation, interrompus seulement par les facéties du petit Bimmos, ils nous racontèrent qu'ils avaient enfin retrouvé la famille que Fulvia recherchait et surtout son grand-père maternel !

Celui-ci les avait accueillis avec une immense joie,

75. Saodas est un des deux esclaves ramenés de Beyrouth par le père de Livia, enfui avec Fulvia.

comme un présage de prospérité. Veuf, perclus de douleurs aux articulations, il ne pouvait plus ni ramasser le foin, ni s'occuper des bêtes. Une partie de sa ferme tombait en ruine ; il n'actionnait plus la meule rotative, et le fumoir ne servait plus. Il souffrait de son inutilité et d'avoir à dépendre des autres, la vie lui ayant ravi sa seule fille, emmenée en esclavage à Rome, la mère de Fulvia.

L'arrivée alors de Fulvia, son unique petite-fille, dont il ne connaissait pas même l'existence, de son mari si vaillant (qui avait pu prononcer les fameux mots : *Gupprino petami*, « je demande pour épouse »), accompagnés d'un joyeux garçonnet, était, pour cet homme usé, un vrai cadeau des dieux. Il leur avait alors donné la ferme ; un chaudron de bonne soupe y cuisait.

— Être libres, reprit Fulvia, est pour nous, esclaves depuis l'enfance, une découverte de chaque jour. Nous offrons volontiers notre travail des champs à la communauté de ce village. Ils nous ont acceptés parmi eux, et nous voilà bientôt des Allobroges ! Dans le passé, nous aimions et respections vraiment ton père, Livia, un maître juste et généreux, mais la liberté n'a pas de prix !

— Que vous manque-t-il de Rome ? risquai-je par humour.

— Le soleil ! répondirent-ils en chœur. Quand nous avons un petit coup de nostalgie, poursuivit-elle, je soupire très fort : « Ah les marbres frais, les pieds sur les mosaïques et le goût de l'huile d'olive ! » et nous rions ensemble ! C'est notre phrase fétiche, nous la répétons pour nous amuser !

— Et... n'avais-tu pas espoir de trouver ton père ?

— Si, mais après l'enlèvement de ma mère enceinte, il a quitté le pays allobroge, il est parti vivre ailleurs, chez les Arvernes, dit-on... Personne ne sait où. Un jour peut-être le hasard... Mais je suis déjà tellement contente d'avoir un grand-père !

Memmia et moi constations leur bonheur. Puis ce fut à nous d'exposer notre nouvelle situation. Ils nous plaignirent beaucoup, car à Vasio, ils m'avaient quittée apaisée, joyeuse auprès de ma mère retrouvée... Fulvia m'exhorta une nouvelle fois, comme à Glanon, à ne pas retourner vers mon père et ma famille massaliote et, me prenant à part, elle m'invita à me méfier de Rufus quand je le reverrais... En aparté, elle ajouta :

— D'accord il est beau et drôle, deux qualités, mais c'est un homme qui depuis le début, ne suit qu'une idée : il te veut, Livia !

— Comment ?

Je m'étranglai. Ainsi c'était la même raison pour laquelle Memmia me poussait à me méfier... Elle continua et parla plus fort, ce qui me gêna :

— Ne vois-tu pas qu'il veut...

Providentiellement, Bimmos hurla soudain et je n'entendis que ses derniers mots :

— ... de ton père, et adieu à ta mère !

Drutos, qui venait de s'approcher, fut pris alors d'une telle quinte de toux que je faillis m'inquiéter. Avait-il entendu quelque chose ?

— Nous devons absolument partir, ordonna-t-il.

— Déjà, prince Drutos ? s'étonna Fulvia. J'ai pourtant, malgré la joie de cette surprise, une question importante, à te poser aujourd'hui : qu'allons-nous devenir s'il y a la guerre ?

— Ne t'inquiète pas, ton homme et ton grand-père sont trop vieux !

— Les Arvernes seront-ils à vos côtés ?

— Je ne le sais pas encore. C'est même pour cela que nous allons à Vienna !

— Promets-moi que si tu croises un jour un homme nommé Tascouanos(76), tu lui diras qu'il a une fille et qu'elle est revenue en Gaule !

Je pleurai de les quitter si vite. Je caressai mon gentil cheval et leur promis à tous de revenir un jour. Nous reprîmes tristement la route. À mes côtés, Memmia cachait son émotion. Après une très longue route droite où nous roulions à grande vitesse, en arrivant à Vienna, elle sortit enfin de son silence :

— Nous ne décidons pas des événements, Livia. En voici une nouvelle preuve. La vie est une succession

76. Ce nom, peu élogieux, veut dire « tueur de blaireaux ».

de séparations. Au milieu de ce chaos, il est important que tu saches d'abord ce que toi, tu désires, puis que tu fasses de ta vie une suite d'adaptations.

« Fulvia a eu, je crois, ce qu'elle voulait. Mais elle n'a fait que s'adapter : à la mort de sa mère, aux mauvais traitements, à l'abandon de ses maîtres, à la grossesse, à l'abandon du jeune homme qui l'avait séduite, au rejet des Sextii de Massalia, à sa déception de ne pas rencontrer son père, et maintenant à sa vie agricole ! La voilà cultivant une terre, au lieu d'exercer ses talents de cuisinière ! Elle est admirable, cette petite !

« Moi-même, comme tu l'imagines, je viens aussi de subir un choc à Genua. En revoyant le seul homme qui ait compté dans ma vie, je l'ai reperdu à nouveau... et même si je le comprends, je suis triste malgré moi...

« Mais je viens d'apprendre de cette heureuse rencontre une nouvelle leçon de vie... Car je sais maintenant qu'il y a, dans l'existence, un temps pour chaque chose. La brisure de son départ de Paestum autrefois a orienté ma vie dans une autre direction, vers la science, puis vers toi. Nos chemins sont déviés par des forces qui nous échappent.

« Le pont de Genua était symbolique : du côté helvète était sa vie d'homme, sa vie présente, la seule qui compte. Sur la rive où je restais se trouvait aussi ma vie, celle de la femme que je suis devenue, après bien des adaptations, et libre dans ma tête, à tes côtés.

Son sourire était serein, elle ne redoutait rien, son visage était détendu.

— Maintenant Livia, tu es toi aussi à une croisée de chemins. À toi de savoir ce que tu éprouves.

— Hélas, Memmia, je n'en sais rien. Je redoute de retrouver Rufus, car s'il m'emmène près de mon père...

— Ces dames n'en finiront-elles jamais de discuter ? Approchez-vous donc, venez voir ce panorama !

Encore une fois Drutos, comme par un fait exprès, nous interrompit, heureux de nous dévoiler la vue exceptionnelle qui surplombait une grande boucle du Rhodanos. Non loin de la rive gauche se trouvait, perché, un ensemble de maisons où vivaient, nous expliqua-t-il, ses proches, de riches aristocrates qui possédaient une flotte et commerçaient avec Genua.

— Nous arrivons aux autres confins du territoire allobroge, dont Vienna, l'oppidum que tu vois, est la capitale. C'est évidemment ici que nous attendrons le messager Rufus. Mais, auparavant, j'ai une demande franche à te formuler. (En parlant, il rapprochait son cheval, cherchant à être seul avec moi.) Voici ce que j'ai à te proposer : ne voudrais-tu pas rester en pays gaulois ? Ne rêves-tu pas d'apprendre les plantes et d'exercer tes talents auprès de nous ? Si tu le veux, je te ramènerai à ta mère... tu *peux* faire ce choix.

Il n'ajouta rien. Ce que venait de me dire Memmia

était en train de se réaliser : il fallait que je sache ce que je voulais, même si treize ans est un âge difficile pour le savoir... Je lui répondis avec prudence :

— Mais... tu dois me rendre à Rufus, tu t'es engagé...

— Oui bien sûr, je vous ramène à lui... Mais je peux aussi en décider autrement et choisir l'affrontement !

J'en eus le souffle coupé. Affronter Rufus ? Risquer la blessure ou pire ? Pour moi ?

C'est alors que ma vue jugea bon d'interrompre la scène et de se troubler. Un malaise me prit. Le paysage se transforma entièrement sous mes yeux : m'apparut une ville immense, toute en terrasses, jusqu'au divin Rhodanos, et couverte de monuments à belles colonnes et arcades. Oui, je reconnaissais une ville romaine splendide, avec un pont majestueux enjambant le grand fleuve et rejoignant une ville de l'autre côté, toute plate. La montagne était littéralement découpée en plateaux et habillée de grandes maisons. Un odéon, un théâtre, un forum géant... jusqu'à une longue file d'entrepôts immenses comme à Massalia(77). Deux très beaux temples dominaient la cité, dont un qui portait mon prénom(78) ! Dans la boucle, des bateaux, nombreux, de toutes grandeurs et origines : un port...

77. Ce seront les plus longs entrepôts du monde romain (*l'horrea*). Vienne sera longtemps une ville gallo-romaine très riche, capitale des Allobroges. Son importance sera par la suite détrônée par Lyon (*Lugdunum)*.

78. Le temple de Livie, femme d'Auguste, et celui de l'empereur (début du Ier siècle apr. J.-C.) sont encore visibles à Vienne, en face du grand site romain du musée de Saint Romain-en-Gal.

Je devais être paralysée et absente, car j'entendis vaguement Drutos appeler Memmia, et je distinguai ces mots :

— Vite !... Secours... peur... convulsions... terrible maladie... maladie sacrée des Grecs[79] ?... Crise à Glanon... à Arelate ! Que lui arrive-t-il ?

Memmia le rassura : ces crises devenaient rares depuis ma puberté, mais il me fallait toujours le médicament ; elle ne s'en séparait jamais. Quand je perdis ma raideur, il vint me soutenir et je m'appuyai, très affaiblie, sur son épaule confortable que je sentis.

— Peux-tu me dire si tu vois quelque chose, car tu as, dans ces moments, des yeux incroyables... qui ne nous voient plus ! Explique-moi, me demanda-t-il avec une douceur et une gentillesse toutes particulières.

— Eh bien... je crois que j'ai maintenant compris : je vois des villes, comme si Rome se reproduisait... Cela ne m'arrive qu'à certains endroits, qui sont pour moi, chaque fois, pleins de vibrations très intenses[80] ! Les lieux d'abord me parlent, puis apparaissent des villes... romaines...

— Romaines ? En Gaule ? Ça alors ! Quelle idée ! dit-il en éclatant de rire.

79. Seul Hippocrate énonce que l'épilepsie serait une maladie du cerveau et propose un traitement. Pour tous les autres, c'est un mal sacré (dont Cassandre avait des accès avant ses prophéties).
80. On sait que les sites choisis sont souvent des lieux telluriques.

Comme, à ce qu'il paraît, j'étais encore pâle, il m'installa dans le chariot, assise près de sa mère, qui me regarda sans la moindre compassion, et ne décrocha pas un mot.

Un peu plus tard, avant d'arriver à Vienna, elle s'adressa enfin à moi. Elle voulait que je l'aide à se changer pour mettre une autre robe. Elle n'était pas loin en fait de me considérer comme une servante ! J'avais bien compris, après discussion avec Memmia, que la perte assez subite de sa vue avait provoqué en elle cette colère et cet affolement, donc nous l'excusions un peu. Elle ne cessait d'être désagréable, même avec son fils qui l'entourait de prévenances et lui décrivait, lui aussi, régulièrement les lieux où nous arrivions.

Je l'aidai du mieux que je pus et surtout la recoiffai. Elle avait des cheveux magnifiques et je défis une à une ses petites nattes que je retressai à l'identique. Drutos apprécia le soin que je prenais d'elle, et que ma jeune main, une fois debout, lui servît de guide. Il aimait ma patience, je le sus un peu plus tard par Memmia qui encourageait aussi cette attitude d'aide.

Elle ne me remercia pas bien sûr, ne me posa aucune question, ni sur ma vie, ni sur mes parents, ni sur le malaise qui venait de m'arriver. Soudain, en langue gauloise, elle eut ces paroles humiliantes que je tente ici de traduire :

— Fais du cheval tant que tu veux et qu'il t'emmène, protégée par Epona, vers Massalia ! Mais ne t'approche plus de mon fils ! Je suis très mécontente qu'il t'ait revue ! Revenu de Vasio l'an passé, il nous a empoisonné la vie avec tes qualités de fille, ton intelligence de surdouée, ta curiosité et que sais-je encore ! Je ne voudrais pas qu'il vante aujourd'hui d'autres qualités... Je n'aime pas qu'il se plaise en ta compagnie. Aussi je VEUX que tu quittes Vienna au plus vite. Ta place n'est pas ici. On doit venir te chercher, je crois, alors pense à ton proche départ !

« Enfin je te dirai ce détail supplémentaire : je reviendrai de chez les Séquanes d'ici un mois environ, en compagnie d'une princesse que je veux présenter à mon fils. Il est temps que tu t'écartes de son chemin !

Les propos de Fulvia, de Memmia, de Drutos et de sa mère me déstabilisaient. Ils me laissaient avec l'impression de ne pas comprendre le monde que je traversais. Pourquoi l'arrivée dans le monde adulte était-elle si compliquée ? Ne valait-il pas mieux alors que je retrouve le monde romain, celui que je connaissais le mieux ? Je me sentais perdue.

À Vienna, le combat !

Au soleil déclinant, notre petit convoi pénétra dans la résidence royale, une bâtisse de bois et de terre qui dominait la colline, au sommet d'un oppidum sans rempart, près d'un sanctuaire. Rhodia fut installée dans un siège confortable sur une terrasse où elle pouvait se reposer. Au loin serpentait le cours brillant du fleuve dont elle était fille par son prénom.

Drutos nous emmena aussitôt faire une course importante dans la ville basse, où habitait l'ensemble de la population. Au port, avant la nuit, régnait encore une forte activité. Il en rapporta une caissette de bois qu'un naute lui avait livrée avec cérémonie.

Bien plus qu'à Genua, tous les formats de bateaux se croisaient, à grands cris et sons de corne, les uns accostés, chargeant et déchargeant, et les autres filant à toute vitesse. Je sentis le violent élan du fleuve vers la Méditerranée et presque sa proximité...

Revenues sur les hauteurs, Memmia et moi fûmes, sans honneur ni égard, reléguées dans des parties annexes de la grande bâtisse. En revanche, Drutos, très attendu, fut ovationné. La nuit venue, ma curiosité me poussa à m'approcher en secret de leur bâtiment...

Je vis alors un grand banquet de notables, où étaient assis en cercle, sur de luxueuses peaux de loups et d'ours, la plupart des hommes. Les chefs, aux torques et aux bracelets d'or, étalaient leur puissance, au milieu des armes et des longs boucliers. Ils se racontaient beaucoup de choses et riaient fort. Je vis entrer aussi deux druides et un prêtre qui s'associèrent à la discussion en buvant dans des verres d'argent. Visiblement, ils exaltaient l'ardeur belliqueuse.

C'est très tard ce soir-là, que parut soudain Rufus, en grande pompe, avec quatre Romains, en armures et casqués. On fit sortir les femmes. Pour que personne ne me voie, je dus vite m'éloigner. Je m'isolai et m'assis sur le banc devant le Rhodanos. À la fin de la discussion qu'ils auraient, mon sort aussi serait tranché. Mais moi, que voulais-je dans la vie ? Je *devais* y réfléchir, sous le conseil de la lune.

Je ne pouvais pas nier mon attachement à la vie romaine, au confort et à la beauté de nos grandes maisons toutes décorées de peintures. Ni au plaisir des thermes aux belles mosaïques. Ni à celui d'aller à l'école, dans le rythme régulier des mois (sans ces mille aventures qui m'arrivent depuis que je suis en Gaule). À cet instant, oui, l'insouciance de Rome (même si je savais révolue cette vie de petite fille) me manquait...

Ici la vie est plus âpre, comme le climat. Les hommes y sont tous élevés pour la guerre, avant même l'artisanat ou l'agriculture. Les femmes ont beaucoup de droits, comme celui d'être savantes ou de divorcer, mais elles ont aussi mille tâches par jour à faire. Car il n'y a pas d'esclaves pour les aider. Ici a lieu une autre vie.

Qu'est-ce qui m'attendait au bout de ces deux voies si différentes ? Deux chemins, deux mondes, deux parents que tout oppose, deux filiations, deux héritages et rien qui ne les réunirait jamais...

Et, dans mon cœur intime, du côté des sentiments, devais-je y laisser entrer ce Rufus qui en forçait la porte avec sa belle gaieté ? Que faire alors des serpents échappés de sa bouche : et surtout de son insupportable mépris des barbares ? Devais-je au contraire entendre le miel des mots de Drutos, sa gentillesse et sa bienveillance envers moi ? Devais-je écouter mon sentiment naissant pour cette douce puissance qu'il m'imposait ? Mais que faire alors du projet de sa mère de le fiancer ?

Et comment faire face à sa haine, lui aussi, pour le monde romain ?

Et puis il y avait cette autre question : où me serait-il possible d'herboriser et de soigner, désormais but de ma vie d'adulte ? Auprès de qui apprendre ? Chez ma mère savante entre toutes ? ou aux abords des écoles de médecine et des bibliothèques massaliotes ?

Et enfin cette dernière interrogation : auprès de qui Memmia serait-elle plus épanouie ? Que deviendrait-elle dans un cas ou dans l'autre ?

Oui, à cette heure j'étais égarée. Je savais que personne ne m'aiderait. Comme c'est difficile de savoir ce que l'on désire ! Il serait si simple de se laisser guider ! Mais par quoi ? Par qui ? Pourquoi me demandait-on de réfléchir ? Aucun conseil ne montait du Rhodanos, ni ne descendait de la lune ! Comment calculer ce qu'on perd et ce qu'on gagne sur une balance juste ? Aucun dieu ne voulait m'aider ! Sûrement ne les avais-je pas suffisamment honorés...

C'est alors qu'au loin, très loin, sur la grande route qui arrivait de la Méditerranée, je fus distraite par un bruit de roues. Puis j'aperçus un char en osier, pour une seule personne, dont la silhouette m'était familière, entouré de quatre cavaliers gaulois. Était-ce possible ? C'était ma mère ! Quelle joie !

Venait-elle pour la grande assemblée des régions ?

Savait-elle que j'étais ici ? Quelle émotion ! J'eus à peine le temps de les voir s'engouffrer dans la ville basse que Rufus, à cet instant, sortit de la grande salle, bien plus vite que prévu, et furieux. Il me vit sous le chêne :

— Ah te voilà ! Mon ultime négociation a échoué. La guerre est déclarée. Nous n'avons plus rien à faire ici. Nous partons dès l'aube !

Il se dirigeait vers la maison des hôtes. La seule perspective de partir le lendemain, de n'avoir que la nuit pour revoir ma mère, me souleva le cœur. J'eus soudain, comme si je n'avais plus aucun des doutes qui m'assaillaient l'instant précédent, un courage inespéré et je me lançai :

— Rufus, je dois te parler. Veux-tu m'écouter ?

Rufus aimait bien les filles qui ont du culot et du caractère. Il tenait sans doute aussi à ne pas me contrarier avant de partir. Il accepta, s'assit et m'écouta. Je ne sais où je puisais ces nouvelles certitudes. L'énergique Rhodanos peut-être me faisait enfin signe...

— Je sais que je vais beaucoup te choquer, car pour toi bien sûr rien n'égale Rome, ou encore la cité-État de Massalia. Mais pour moi, c'est différent, même si je les admire beaucoup. Alors sache, avant de m'y emmener presque captive, ce que j'en pense : je suis certes une fille Sextius, je n'oublie pas ma belle enfance sur le mont Esquilin, ni ma famille de Massalia. Mais ma place n'est plus parmi vous, je ne veux plus de la vie romaine. Je souhaite apprendre les plantes avec ma mère. Je t'en prie, laisse-moi étudier auprès d'elle !

Mon choix s'était fait comme ça. Le temps d'une réponse, dans une impulsion. Je ne l'avais dit à personne et ne me l'étais même pas avoué à moi-même. C'était sorti tout seul.

— Alors ça ! Ma pauvre Livia, tu perds la tête ! As-tu réfléchi à ce que tu dis ? Certes, tu peux exprimer tes souhaits, mais tu oublies une chose : c'est *moi* qui commande !

— Et quel droit aurais-tu de *commander* cette fille ? s'exclama soudain Drutos, surgi de la nuit et maintenant planté devant Rufus. Je suis prince, fils de feu Albiorix. Sache que tu n'as aucun pouvoir en Allobrogie ! Je te défie au combat, avant même la guerre ! Si tu es blessé pour aller servir Domitius Ahenobarbus, tu ne t'en prendras qu'à toi-même !

Rufus fut stupéfait et moi aussi : Drutos, en retrait, avait écouté notre conversation ! Des Gaulois arrivèrent avec des torches et, excités, éclairèrent un cercle. Le prince enlevait sa tunique, ne gardant que ses braies.

— Éloigne-toi, Livia, ce n'est pas un spectacle pour les femmes ! Que le meilleur gagne !

C'était affreux ! Qu'avais-je déclenché sans le vouloir ? Les Gaulois glorifient la lutte individuelle, surtout à mains nues, et sont très entraînés. Rufus, lui aussi, connaît ce type de combat pour s'y être exercé. Mais moi, je craignais pour leurs deux vies : non, je n'avais pas voulu une telle chose !

Des témoins me repoussèrent sans ménagement. Beaucoup de gens accoururent, à l'annonce d'un combat loyal, et, se réjouissant, entonnèrent des chants rythmés. Alors que j'avançais vers la maison où j'espérais retrouver ma mère, je maudissais le monde entier : où m'avait poussée mon besoin de donner mon avis ? Quel drame fallait-il entrevoir ? Pourquoi Drutos faisait-il un tel coup d'éclat ?

Tandis que derrière moi fusaient des cris d'encouragement pour Drutos (ce qui était très injuste pour Rufus), je remontai la pente vers la bâtisse. M'y attendaient ma mère et Memmia.

— Qu'as-tu fait ma fille ? me dit gravement ma mère. La guerre peut-elle commencer aujourd'hui ? Ces deux hommes seront-ils les premiers blessés ? Pas question ! Et surtout pas ce Drutos qui t'a ramenée à moi !

« Cette guerre est une catastrophe, ajouta-t-elle. Moi, plus que les autres, je le sais. Les Voconces et les Salyens, moins célèbres que les Allobroges, car n'ayant pas servi Hannibal, étaient tout aussi vaillants et courageux ! Et ils ont quand même perdu !

« Alors je crains leur défaite... Je viens leur parler.

Même si je sais d'avance leur réponse. Car la plupart des Gaulois préfèrent la mort à toute défaite. Aussi ai-je avec moi ce qu'ils m'ont demandé : un chargement de plantes et de médicaments pour les futurs blessés. Je savais que tu serais ici, ma fille, j'ai été informée de ton périple…

— Livia, ajouta Memmia, ôte-nous d'un doute : ce combat est-il la conséquence d'un choix de ta part ?

— Je... balbutiai-je. Oui...

— Peu importe, coupa ma mère. Drutos est un prince qui doit diriger une armée entière. Il n'a pas à se battre maintenant, quelle qu'en soit la raison !

Sa parole me vexa. En fait ma mère était furieuse. Elle traitait Drutos d'inconscient et d'immature.

— Quel sang brûlant a ce garçon ! Il est incorrigible ! Je viens de croiser sa mère, furieuse elle aussi. Elle ne m'a pas même adressé la parole ! J'ai pourtant soigné son fils à Vasio et son mari autrefois... un impatient lui aussi ! Chacun m'avait écoutée alors. Peut-être ai-je encore une chance de l'être. En tout cas je *veux* essayer ! Toi, tu restes là !

Ma mère aussitôt descendit sur la terrasse en contrebas. Le public fut obligé de s'écarter, car elle avait la robe blanche des prêtresses. Le sang coulait abondamment de la face de Rufus. Tour à tour l'un jetait l'autre à terre, avec des figures incroyables. Par un art des prises exceptionnel, l'un faisait manger la terre à l'autre, qui le lui rendait sans faillir. Il n'y avait pas de vainqueur. C'est ainsi que ma mère me décrivit la scène.

Elle invoqua Mars et Taranis réunis, et annonça que les dieux désapprouvaient ce combat. Elle rappela à Drutos son devoir vis-à-vis des délégations voisines qui arrivaient, et le traita d'enfant ! Elle rappela à Rufus qu'une mission l'attendait et que son combat de jeune coq devait cesser !

D'en haut, Memmia et moi voyions la scène, éclairée par les torches. Ma mère était singulière, belle et digne. Ses nattes faisaient sur son front comme une couronne, et sa parole sacrée engendra un silence tel que nous pûmes entendre la suite.

— Remettez votre conflit. Il n'y a pas de vaincu.

— Soit, déclara Drutos. Que la source de ce combat devienne alors notre butin de guerre ! Qu'en penses-tu, Rufus ? Elle ira au vainqueur !

— Soit, répondit Rufus, que chacun ici en soit témoin.

Rufus, persuadé que l'armée romaine l'emporterait, arrivait à garder la tête haute. L'assistance leva la main droite. Moi, je crus avoir un malaise !

— Elle restera avec moi, sous ma protection en attendant, déclara ma mère avec autorité.

Une poignée de main scella cet accord sans que je

sois nommée. Ma vie se jouait sans moi. Ne rien décider : n'est-ce pas tout à l'heure ce que j'avais espéré ? Dans l'immédiat, j'étais seulement heureuse de ne pas partir avec Rufus, je n'étais plus perdue.

— Puisque tu es là, ma fille, tu pourras dès demain matin m'accompagner à l'assemblée des Allobroges. Tu te chargeras de la boîte de fioles médicinales que je leur apporte en cadeau. Ce sera ta première leçon de politique !

Ce sont ces extraordinaires paroles que je retranscris ce soir... Hélas je n'aurai bientôt plus de rouleau pour écrire et devrai m'arrêter...

J'écris le 2e jour avant les Calendes de Novembre[81], à Vienna.

Un discours de sagesse

Le lendemain, je fus très impressionnée par ce privilège. Comme j'étais la fille de la prêtresse, ma présence fut tolérée. Il y avait quelques femmes, de haut rang surtout. La mère de Drutos était partie tôt, elle ne se mêlait jamais de telles affaires...

Le très célèbre roi des Arvernes, Bituitos[82], fils du grand Luernios, était présent avec sa délégation, assis à côté du fameux Salyen Toutomaros, celui qui avait échappé à mon père et que Domitius Ahenobarbus réclamait. Tous deux portaient d'épais torques d'or, torsadés et magnifiques. Il y avait, avec leurs insignes, des Séquanes, des Helvètes, des Salasses et des

81. Le 28 octobre -122.
82. Selon les livres on peut lire Bituit, fils de Luern. Les Arvernes sont le peuple de l'Auvergne.

Ceutrons, dont les territoires bordent tout le pays allobroge[83]. La journée à venir signerait leurs alliances, leur entrée en guerre ou non. L'heure était grave. S'il le fallait, il serait fait appel à d'autres peuples encore : Helves, Rutènes et Volques[84], de la rive droite du Rhodanos. Évidemment les Éduens, alliés de Rome, n'étaient pas là. Ma mère eut son tour de parole. Comme elle avait appris par cœur son texte, elle me l'a répété et fidèlement traduit ainsi :

— Si je vous parle, aujourd'hui, c'est parce que mon peuple voconce a connu il y a deux ans la défaite devant Flaccus.

« Le projet de Rome devient clair. Domitius Ahenobarbus est homme d'expérience. Son ambition est immense et il veut que son nom résonne dans l'histoire. « Barbe d'airain » convoite cette fois un territoire bien plus étendu que les précédents consuls Sextius et Flaccus... Ce fait est certain. Pourtant je viens vous inviter à la réflexion, à la prudence et vous parler de mon peuple vaincu.

« *Vaincu*... Est-ce le bon mot ? Oui, si on en compte l'atroce nombre de morts et de prisonniers, disparus de notre communauté autrefois si riche en héros, en sages et en talents ! Mais, non, ce n'est pas le bon mot si on

83. Salasses et Ceutrons sont des Alpins.
84. Peuples de l'Ardèche, de Rodez, Toulouse, Nîmes...

l'applique à ceux qui restent. D'abord je les dirais maintenant bien plutôt *protégés* et même *enrichis*.

Un murmure scandalisé parcourut l'assemblée, les corps se raidirent. Elle poursuivit calmement :

— Protégés oui, car qui sait si ne viendront pas un jour, du Grand Nord, des peuples barbares cherchant des terres plus clémentes(85) ? Rome protège déjà la Grèce, l'Illyrie, la Sicile et l'Espagne. Depuis la chute de Carthage, elle protège maintenant la Méditerranée.

« Enrichis aussi, car ceux des nôtres qui sont restés à Aquae Sextiae et à Vasio, font un tout nouveau constat que je viens ici vous transmettre :

« Tout d'abord, l'arrivée des Romains ne contrarie ni nos cultes ni nos dieux, personne ne cherche à les détruire. Ensuite, ils bâtissent leurs villes près des cours d'eau et non en haut de nos montagnes ; libre à nous alors de continuer à occuper nos oppida !

« Eh oui, ils construisent partout des ponts, endiguent les rivières, irriguent les terres, mais la pureté de nos eaux n'en est pas du tout altérée ! Il n'y a nulle offense à nos dieux. Ils honorent eux-mêmes nos sources, même s'ils leur donnent d'autres noms.

« Devons-nous pour autant changer de langue ? Pas

85. Ce sera le cas des Cimbres et des Teutons auxquels Rome fera face dix et vingt ans plus tard…

du tout, elle reste ce qu'elle a toujours été : notre communication orale !

« Enfin, ils empierrent et renforcent nos routes : nous ne cessons de profiter de leurs inventions et de leurs techniques. Les voies sont déjà plus larges et carrossables !

« Alors non, nous ne faisons plus, ni Salyens ni Voconces, partie de ces irréductibles résistants au progrès romain ! L'histoire est en marche. Un jour nos enfants aussi réclameront d'apprendre à lire et écrire comme les peuples du Sud et de l'Orient... Nous construirons, nous aussi, nos maisons dans des matériaux plus solides, pour mieux nous fixer sur ces terres. Croyez-vous nos peuples condamnés aux exils et aux départs ?

« Vous avez encore la possibilité d'éviter un carnage, mon message est celui de la paix et de la conciliation !

« Maintenant j'ajouterai, en tant que prêtresse cette fois, que j'ai lu dans les entrailles de l'animal sacrifié au lever du jour un funeste avertissement. Le message des dieux était à peine une énigme, le voici : *La vague peut effacer toutes les traces !*

« Enfin, en l'absence de vos druides réunis pour le sommet annuel de la forêt des Carnutes (qui seuls auraient pu vous freiner dans votre décision de vous battre !), nous procéderons, avec la prêtresse arverne, au sacrifice du taureau blanc qui vous guidera.

« Bien sûr… j'ai aussi apporté, à votre demande, quantité de plantes et de produits, pour, si hélas vous ne changez pas d'avis, me tenir à l'arrière de la bataille, avec un groupe de soignantes, à la disposition des blessés.

Elle se retira discrètement, tandis que Viridomaros s'avançait :

— Ô très savante, nous te remercions ! Ton message de paix ne nous étonne pas. Cependant c'est mal connaître les Allobroges ! Car jamais ils n'entendront de pareils arguments. Car jamais ils ne supporteront le joug que vous vivez. Accepter Rome c'est disparaître ! Et peut-être ne le savez-vous pas encore… Non, jamais ils ne céderont !

« Les Romains veulent nos belles terres fertiles du Rhodanos et de l'Isaria pour en tirer profit, comme ils ont voulu celles de la Druentia... Ils veulent notre commerce, nos produits inégalables, nos mines et notre or ! Plutôt mourir !

Le roi allobroge finissait de s'exprimer, tandis que Drutos, qui avait mis son torque et couvert ses blessures d'un manteau d'apparat, s'avançait au centre de l'assemblée. Il déposa sur une table un coffre clouté, ainsi que la caissette ramenée du port, il les ouvrit. C'était un trésor que je n'oublierai jamais : objets d'or et d'argent, monnaies, il renversa tout ! Était-ce le trésor des Salyens donné aux Allobroges ? Je le crois, car tout le monde applaudit, et on vit Toutomaros saluer en souriant...

— Nous avons de quoi faire face ! Grâce à cet argent et la douceur de l'hiver, trente mille hommes sont mobilisables dans le mois qui vient...

Un Ceutron, des Alpes lointaines, prit la parole :

— J'ai le regret de vous dire que le peuple du Sel ne se mêlera pas aux vôtres. Je représente ici également le peuple des Salasses, qui a déjà repoussé les Romains il y a vingt ans(86). Nos hautes montagnes alpines, nos mines, nos salines leur sont inaccessibles. Nos bergers, comme du temps d'Hannibal, savent où se trouvent les rochers branlants à faire ébouler dans la montagne, connaissent tous les défilés à boucher pour empêcher leurs armées de passer. Notre avantage est une géographie qui les rebute : aucun Romain n'en connaît les capricieux torrents ni les bruits propres aux avalanches qui arrivent. Les Romains ne reviendront pas sur nos terres avant longtemps ! L'an passé, nous avons signé avec Rome un traité sur le sel, qui nous convient(87). Nous vous enverrons des hommes solides afin de grossir votre armée, mais notre peuple n'entrera pas dans cette guerre.

86. Ils ont repoussé Appius Claudius Pulcher en 143 av. J.-C., et les Romains n'ont plus jamais insisté.
87. Cet accord sera respecté jusque sous Auguste.

Puis il y eut des conclusions d'alliances, des accords et des désaccords qui durèrent des heures. Grâce à la présence des chefs, les Allobroges avaient réuni une grande partie de leur peuple, pourtant très disséminé. Les Arvernes, eux, mobilisant une très nombreuse armée, avaient décidé de se tenir, le célèbre Bituitos en tête, prêts en réserve. Ainsi personne n'avait écouté la voix pacifique de ma mère, et *in fine* la guerre aurait lieu.

Aujourd'hui ma mère m'a surprise. Je la croyais contre les Romains et découvre une femme aux très longues vues, qui imagine (ou a vu dans ses prophéties) une paix entre nos deux peuples…

Je veux aussi terminer le récit de cette journée par le petit avertissement que me donna, très tôt ce matin, Rufus, plein de bleus et de bosses, avant son départ :

— Je te laisse à l'ennemi. Dès que nous aurons gagné, je saurai où te retrouver. Je sais que je te ramènerai à la raison. Je te laisse ce temps que tu réclames avec ta mère, à soigner ces barbares d'Allobroges, tu mesureras ta peine ! Sache seulement que ton père ignore que je t'ai retrouvée. Je n'ai rien dit, car... je n'ai nullement l'intention de te laisser sous sa coupe ! La vie que je te propose sera loin d'eux !

J'écris le 7ᵉ jour avant les Calendes de Juillet(88), an 632, à Vienna.

Une grande bataille

Huit mois sont passés depuis Samain, pendant lesquels, sans rouleau, je n'ai pu écrire. Il me faut d'abord parler de la terrible défaite allobroge de Ouindalion(89), en février dernier, après les fêtes d'Imbolc(90). Ses conséquences sont bien plus graves que nous le pensions tous. Puisque, à cette heure, nous sommes en train d'attendre une deuxième bataille, qui risque d'être pire encore, annoncée par Bituitos, roi des Arvernes, lequel refuse tout compromis. Bataille décisive pour l'avenir de tous, mais surtout celui des Allobroges !

Il paraît que Rufus a été blessé à la hanche... Il n'est donc

88. 23 juin -121.
89. *Vindalium*. On a du mal à situer le lieu de cette bataille, car la proximité de la rivière Sorgues sans doute empêche les traces archéologiques : Bédarrides ? Vedène ?
90. Imbolc : grande fête celte du renouveau et de la germination , le 1er février.

pas en état de venir me chercher, malgré cette première victoire. Mais, au vu de ce qui va arriver du pays des Arvernes (on parle de deux cent mille hommes, est-ce possible ?), ce succès romain n'est pas du tout définitif...

Revenons en février, à cette bataille où ma mère fut priée de rester auprès des Allobroges. Elle avait accepté d'organiser le ravitaillement en plantes médicinales, et un dispositif de grandes tentes pour les blessés. C'était une tâche où elle avait besoin de nous. J'étais grande et je devais apprendre, disait-elle.

Le jour où tout se décida, notre convoi se mit en route, à l'arrière d'une immense file de chars et de guerriers qui se rendaient tous au même endroit : à l'embouchure de la Sulgas(91). Notre chargement en linges, ficelles, attelles, brancards, couvertures, matelas et plantes ressemblait à celui d'une migration.

Sur le chemin il y eut tant à faire pour ramasser les dons des villageois que je pus à peine entrevoir les grands oppida des bords du Rhodanos d'où tout cela venait : celui de *Malpas* très haut en face de l'embouchure de l'Isaria, capitale des Segovellaunes(92), celui de *Loriol* où arrive la *Drôme*, celui de *Géry*(93) au confluent du *Jabron* et du *Roubion*, celui de *Barry*, capitale

91. La rivière Sorgues.
92. L'Isère et Valence.
93. Plus tard Acunum, l'actuelle Montélimar.

des Tricastins[94], celui d'Arausio[95] où arrive l'*Aigues*...

Des centaines de combattants de tous ces lieux nous rejoignaient. Des délégations apportaient aussi de partout des sacs d'avoine et de froment qui allaient compléter le magnifique blé allobroge[96] qui suivait par chariots. Les seuls à n'être pas nourris étaient les chiens de combat, qu'on affamait volontairement pour l'attaque. Cet océan d'hommes en armes s'arrêta à la rivière Sulgas, comme prévu, et attendit.

Il fut proposé aux soignants de rejoindre l'oppidum du *Mourre de Sève*, qui domine toute la vallée, mais le transport des blessés à plusieurs lieues aurait été impossible. Aussi notre « hôpital » fut-il établi sous de grandes tentes de peaux cousues, tout près de là.

Nous attendîmes les événements dans une grande tension. Plusieurs femmes avaient déjà connu la bataille de Vasio, il y a trois ans. Cependant, personne n'avait peur, et elles exhortaient plutôt les guerriers. On raconte que les plus fortes d'entre elles, lorsqu'un oppidum est attaqué, n'hésitent pas, d'habitude, à se mêler au combat. Mais ce n'était pas le cas cette fois.

Il se disait partout que le général Cnaeus Domitius Ahenobarbus avait, comme mon père, une longue

94. Bollène.
95. Orange.
96. Ce blé était célèbre jusqu'à Rome. Pline en fait l'éloge.

carrière de stratégies et d'exploits derrière lui en Asie[97]. Mais on disait aussi que rien n'égalait la fureur allobroge au combat, et que la violence de Taranis les possédait...

Ce peuple n'avait jamais été soumis à quiconque et, je cite, « tenait sa force des rocs alpins, ses muscles des aurochs, et surtout sa protection des divins sommets neigeux qui dominent le monde » ! Ainsi parlaient-ils d'eux-mêmes, dans la joie de s'encourager les uns les autres, qualifiant leur propre grandeur. Le combat serait donc terrible et chacun le savait !

Ma mère, dès lors qu'elle herborisait dans la campagne et me transmettait son savoir, était contente d'échapper au présent. Préparant ses onguents et ses potions, elle m'expliquait tout et perdait sa froideur. Aussi, cette longue attente, paradoxalement, fut un heureux moment pour nous deux...

Une fois même, il arriva qu'elle évoque Rome, dans un moment de confiance et de relâchement, mais cela s'arrêta bien vite ! Car il n'était pas temps pour nous de revenir sur le sujet qu'elle n'aborda qu'une fois le jour de notre rencontre : sa fuite...

À l'endroit où se trouvait le campement, le vent glacé peut souffler extrêmement fort. Appelé Kertios à Massalia, on sait qu'il rend fou et est très défavorable

97. On appelle Asie la Turquie et le Moyen-Orient.

au combat. Dans tout le pays on dit qu'il dure trois, six ou neuf jours. Or il soufflait, agaçait et agitait de plus en plus bêtes et hommes, impatients d'en découdre.

Enfin, un matin, un de ces beaux jours d'hiver où le mont Vintur fait briller sa neige, où, le vent tombé, les pins s'immobilisent et laissent la place à une douceur dorée, le bruit courut qu'ils arrivaient ! On ne voyait rien, mais le martèlement d'une armée en marche s'entend de loin, et la terre elle-même en vibra. Un énorme nuage de poussière les précéda.

Les Gaulois cessèrent de s'entraîner à la lutte et aux prouesses à cheval. Ils se mirent à boire des alcools forts et mâchèrent des plantes énergétiques. Une femme, prêtresse comme ma mère, avait mêlé ces boissons fortes dans un chaudron sacré. Ce chaudron est toujours, dans leur religion, attribué au grand dieu Dagda, le Très-Bon, et il apporte le renouveau après la mort : aussi, aucun Allobroge n'avait-t-il peur !

Plusieurs tribus se peignirent le torse de rouge. Ils s'étaient tous, rituellement, décoloré les cheveux à la potasse et aux cendres de pin. Drutos, je dois dire, était le plus magnifique d'entre eux ! Souvent, il passait à cheval vers ma tente et me souriait, avec l'air de regretter de ne pouvoir me parler. Je lui rendais son sourire...

L'ultime fois, il descendit de cheval et profita d'un

moment de confusion, pendant que personne ne nous entendait, pour me dire :

— Sais-tu que le meilleur encouragement pour le guerrier est un baiser avant le combat ?

C'est ce qu'il me vola alors, sans que j'aie eu le temps de réaliser ! L'effet en fut immédiat : je me sentis devenir miel, et un feu nouveau naquit dans mon sang...

Les nobles chefs mirent leurs torques, caressèrent leurs chiens, que personne d'autre ne pouvait plus approcher, et encouragèrent leurs chevaux avec de douces paroles. Une joie profonde semblait régner entre eux. Portés par les dieux, ils accomplissaient leur vœu le plus cher. Sacrés par les druides, nous les vîmes partir comme un mur en marche, et se séparer en groupes.

Ensuite nous entendîmes cornes et carnyx envahir le jour et le faire pénétrer jusqu'aux entrailles de la terre. Ce son emplissait entièrement le paysage, rendait la campagne lourde comme un cœur qui bat ; le ciel en était pesant. Puis tout se tut. Alors une sorte de hurlement général s'éleva, mêlé de hennissements et d'aboiements furieux, suivis de longs cris inconnus et indescriptibles, qui surpassèrent l'ensemble.

Nous l'apprîmes plus tard, à l'arrivée des premiers blessés : les hommes venaient d'être épouvantés par la présence d'animaux monstrueux, déjà amenés par Hannibal il y a quatre-vingts ans et de retour : les éléphants !

Ahenobarbus, on le sut par Drutos, avait en effet pour modèle le grand chef carthaginois Hannibal Barca, héros vaincu par Rome certes, mais ennemi néanmoins très admiré. Le consul romain venait d'appliquer la même stratégie : alors que rien ne le laissait soupçonner, dissimulés dans d'habiles cachettes, les Romains étaient sortis de tous les côtés à la fois, comme Hannibal à Trasimène paraît-il, lieu d'une immense victoire carthaginoise et honte des Romains. Le consul imitait donc l'ennemi du passé ! Par mille provocations, il avait attiré les Allobroges au centre d'un large terrain le long de la Sulgas, près d'Ouindalion. La ruse romaine fit qu'ils se trouvèrent regroupés malgré eux et finalement encerclés, en dépit de leur nombre. C'est alors qu'Ahenobarbus envoya vers ce centre ses éléphants de combat, dressés pour écraser hommes et bêtes.

La bataille fut marquée par la terreur. Les guerriers encerclés furent piétinés. Aucun chien de combat n'avait pu attaquer les éléphants en furie et déchaînés, secouant littéralement l'air autour d'eux et ne laissant aucune prise. Les chiens furent, comme les hommes, lancés en l'air, étouffés, ou déchiquetés. Personne ne résiste à pareille force, menée de front, dressée à l'attaque et repoussant la cavalerie.

Les autres groupes allobroges, de l'autre côté de la rivière, à ce spectacle, reculaient d'effroi, exactement comme les Romains l'avaient prévu ! Et le deuxième piège romain se mit alors en place : barrer la route à ceux qui, venant d'assister de loin et impuissants au massacre, décidaient, par centaines, le repli ! À ceux-là, une légion entière avait été consacrée par Ahenobarbus : six mille hommes les attendaient !

La bataille fut un massacre. Les guerriers allobroges perdirent leur fougue, écrasés et piégés.

À la fin, la plupart des blessés gaulois furent achevés (c'est ainsi que se passe la guerre), soit par les Romains, soit par leurs chiens, soit encore par leurs compagnons eux-mêmes qui, à leur demande, leur portent avec une sorte de maillet, invoquant Sucellos(98), un coup fatal sur le front. Il paraît qu'il fallut même parfois abattre les chiens qui hurlaient auprès de leur maître mort...

Dans notre hôpital (les Gaulois d'ailleurs furent, grâce à notre chaîne de solidarité à travers les villages, mieux soignés que les Romains !), nous ne vîmes que des combattants qui n'étaient pas « blessés à mort »... Mais j'eus quand même un tel choc de voir ces plaies que j'allai vomir et m'évanouis plusieurs fois ; je ne pus rien manger pendant des jours. On m'installa en arrière, mais je restai proche de ma mère dont je voulais plutôt imiter le courage. Voilà ce qu'un chef blessé, en ma présence, lui raconta sur l'issue de la bataille :

98. Sucellos (nom qui signifie : *celui qui frappe fort*) est toujours représenté avec un maillet.

— Après un tel carnage, nous avons réussi à former un groupe de six guerriers survivants. Nos chevaux ont fendu la mêlée, piétiné les morts et foncé vers le général romain. Et nous l'avons averti : certes, il avait emporté la bataille, mais bientôt, une grande armée de la coalition arverne se dresserait contre lui, qu'il n'aille surtout pas crier victoire ! Puis nous sommes repartis dans la poussière, mais en traversant la rivière nous avons été atteints par une pluie de flèches. Mes cinq frères d'armes sont morts. Oui, le dieu du mont Vintur[99] nous a abandonnés...

Ma mère gardait son sang-froid et son habileté pour recoudre les blessures. Elle se taisait, catastrophée. Nous apprîmes que plus de sept mille Allobroges étaient désormais enchaînés par des liens de bois et de fer, entravés au cou et aux pieds, et emmenés vers le Sud. Les Romains, eux, avaient chanté la victoire, dépouillé les cadavres de toutes leurs armes et de leurs bijoux : pour eux, la défaite allobroge était retentissante !

Par la suite nos longs convois rentrèrent à Vienna, où les grandes cérémonies pour les morts durèrent des jours et des jours. Avec eux, ils ne pourraient plus espérer converser que lors des fêtes de Samain. Certains furent très honorés, d'autres très pleurés. Après de telles pertes, les tribus devaient se recomposer, redistribuer les pouvoirs.

99. Le mont Ventoux, qui culmine à 1911m, est visible de toute la région.

Puis il y eut de nouvelles réunions avec les Arvernes, car un grave événement s'était produit après les cérémonies : Ahenobarbus avait décidé, pour tester son pouvoir sans doute, de venir à Vienna.

En remontant donc la vallée du Rhodanos, le consul croisa un ambassadeur arverne, lancé à sa rencontre par le roi Bituitos. Pour le provoquer, le roi avait équipé son émissaire d'un char magnifique, recouvert d'argent, suivi du barde chargé de chanter la puissance des Arvernes, et de son traducteur. Il arrivait même, suprême insulte, les bras chargés de cadeaux forgés pour le chef romain ! Son message était clair : si Rome avait pu battre les Allobroges, il n'en serait jamais de même contre les Arvernes, leurs alliés ! Que le chef romain renonce au roi salyen et à l'Allobrogie... sinon d'autres guerriers viendraient de toutes les montagnes !

— Pas question, déclara alors Ahenobarbus : le roi Toutomaros contre la paix ! Nous ne céderons jamais !

Le refus arverne fut tout aussi clair, Ahenobarbus rebroussa chemin, il ne vint pas à Vienna, ni Rufus, ni aucun Romain : ils n'étaient vainqueurs que d'une bataille. Pas de la guerre.

Depuis, nous n'en savons pas plus. Le petit rouleau romain trouvé par hasard, sur lequel j'ai pu écrire, s'arrête ici. Nous vivons sous tension, en suspens...

J'écris le 4e jour après les Calendes d'août(100), à Vienna.

La dernière guerre

Un mois vient de s'écouler avant que j'aie pu retrouver de quoi écrire. C'est à Rufus que je dois ce rouleau, cadeau qui m'est arrivé ce matin avec cette lettre :

Chère Livia,

Il était prévu que je meure des suites de ma blessure à la hanche, mais la déesse Fortuna veillait sur moi. La médecine grecque de Glanum(101) a fait le reste. Me voici de nouveau sur pied et boitant à peine. J'ai passé trois mois allongé dans une coque d'argile, couvert d'onguents, buvant les eaux de la source sacrée. C'est sous la protection d'Hercule que mes os se sont recollés.

100. Le 4 août -121.
101. Comme on le constate, Glanon (à Saint-Rémy-de-Provence) est rebaptisé d'un nom romain. Le dieu Hercule y remplacera progressivement Glan et les mères glaniques, dieux gaulois des sources guérisseuses.

Dès le début de mars, un mois après la défaite allobroge, alors que je ne pouvais encore me déplacer, nous avons vu arriver le grand consul Quintus Fabius Maximus, qui honorait Glanum de sa présence. Partout, il se vante déjà de la conquête « définitive » de la Gaule transalpine et la considère presque acquise. Il parle d'une future « Province » romaine ! Il va un peu vite mais c'est très stimulant pour nous ! Attends-toi à ce que je vienne te chercher très prochainement !

J'ai aussi revu ton père, car C. Sextius, Cn. Domitius et Q. Fabius parlent souvent ensemble. Bien qu'il soit très occupé par les chantiers d'Aquae Sextiae, le général vient à tous nos conseils de guerre. Lors du dernier, à Glanum, enfermés deux jours au secret, ils ont élaboré une stratégie. Il m'a à peine adressé un salut. Je ne lui ai rien dit de toi, j'ai respecté notre pacte. Il ne sait pas que tu es en Allobrogie. Je me réjouis de lui en faire la surprise après la victoire ! Son sourire reviendra !

Je sais que le prince Drutos n'a pas été tué, ni même capturé, je me réjouis aussi de l'anéantir bientôt et personnellement !

Je t'envoie mon affection, j'aime tes révoltes et tes emportements, mais surtout et d'abord ton charme !

Rufus.

P-S : voici en cadeau un rouleau pour ta prose ! À moins que tu te sois mise à la poésie ?

Je sais que Rufus n'est pas loin, à deux journées de chariot tout au plus. Ma mère, cette fois, ne veut pas que je sois à l'arrière de la deuxième bataille. Elle m'oblige à rester à Vienna. Elle désapprouve la coalition arverne, d'autant plus qu'ils ont mobilisé d'autres peuples voisins. Nombreux sont les Allobroges qui craignent aussi une nouvelle hécatombe. Elle-même est repartie à Vasio, où elle exhorte les Voconces à ne pas s'en mêler.

Aujourd'hui je suis anxieuse. Si Rufus gagne, je devrai repartir et me confronter à mon père. J'aurai trop peu vécu avec ma mère, et dans de trop dures circonstances. Je crains aussi pour la vie de Drutos, même si je le vois rarement. J'ai, enfoncé dans ma chair le goût de son baiser, et ma respiration s'arrête quand j'imagine qu'il viendra bientôt à Vienna.

Tous les jours ici, je me promène au bord du Rhodanos avec sa mère. Rhodia, en retrouvant la vue chez les Séquanes, a cessé d'être une méchante femme. Elle s'appuie sur mon bras et me parle de l'enfance de son fils. Il arrive aussi que nous longions la *Gère*, beaucoup plus paisible que le fleuve ; c'est une rivière pleine d'oiseaux, de libellules et d'iris.

Memmia n'aime pas que je me promène avec cette femme. Elle dit que je perds mon temps. Alors, dans ce moment d'attente vide, elle a décidé de me donner du travail : des plantes à mémoriser, des problèmes de mathématiques à résoudre, et des leçons d'équitation gauloise à prendre ! Ce que je fais. Mais nos jours sont lourds de cette perspective de guerre.

Moi je voudrais qu'aucun combat n'ait lieu dans les temps à venir. Et être libre de rejoindre mon petit frère ! Ce sauvageon me manque. Si je revois mon père, comment ferai-je pour lui taire sa naissance et garder ce secret ? Et si je le lui dis, j'aurai non seulement trahi ma mère, mais un autre combat commencera, et Sextius, qui n'a pas de fils, voudra le retrouver ! Que d'ennuis...

Le bruit vient de courir, en même temps qu'est arrivée cette lettre, que les Arvernes sont proches du Rhodanos et vont bientôt traverser. On dit que Bituitos, parti de Gergovie, a réuni deux cent mille hommes !

J'écris le 4e j. avt les Ides d'Août, loin de Vienna déjà.

Voilà. C'est arrivé. La nouvelle m'est parvenue.

La catastrophe gauloise est énorme, unique et définitive. Ma mère avait raison. Il y a des milliers de morts, et le grand Bituitos est prisonnier ! Je me sens mal d'être romaine. Ne vivaient-ils pas tranquilles avant l'arrivée des Romains ? Drutos, heureusement vivant, me protège, mais il va devoir me livrer incessamment à Rufus...

Comme maintenant je comprends bien mieux leur langue, je retranscris ici leur défaite, racontée au retour, devant les habitants de Vienna réunis, par leur barde :

— Quand le noble Bituitos arriva sur son somptueux char d'argent, commença-t-il d'une voix lente et émue, il estima d'abord que le pont sur le Rhodanos était insuffisant pour son armée. Il en fit aussitôt construire un autre, fait de barques retenues par chaînes et cordes. À la vue de l'armée de Q. Fabius Maximus, il s'écria : « Pfff ! Pas même de quoi nourrir mes chiens ! » En effet, les Arvernes avaient beaucoup de chiens dressés. Le nombre de leurs hommes était plus de cinq fois supérieur. *A priori*, Rome n'avait aucune chance !

« Une cérémonie consacra la bataille dès leur arrivée sur le rivage. On y entendit rappeler les exploits du roi Luernios, père de Bituitos, qui, après les combats, avait autrefois distribué tant de pièces d'or et d'argent et offert tant de banquets !

« Hélas ! les Romains, pour cette deuxième bataille, avaient préparé, eux aussi, leurs chiens, des molosses de l'Épire(102) aux colliers à piques, et d'autres encore, des mâtins italiques. Hélas ! ces derniers étaient porteurs de torches enflammées, chargées d'allumer des incendies sur un sol qu'ils avaient en secret, la nuit, jonché de paille sèche. Quand Bituitos, fièrement, lança ses chiens bretons, attachés deux par deux et équipés de cuirasses à clous pour foncer sur les chevaux, binômes enragés, ils rencontrèrent ces bolides qui enflammaient tout le

102. Depuis Alexandre le Grand, on dresse ce chien grec, capable de tuer lions et éléphants.

sol. La plaine choisie par les Romains, où ils nous entraînèrent malgré nous, était d'une sécheresse telle que les incendies prirent de partout à la fois et firent suffoquer en plein combat hommes et chiens. Le vent lui-même était défavorable et poussait l'incendie. Nos troupes enfumées s'étouffaient et reculèrent.

« Pourtant, les archers ruthènes[103] vinrent à bout de centaines de Romains qui se tenaient solidement serrés au bord de l'incendie pour que nous n'y échappions pas. Mais, par vagues, d'autres soldats arrivaient pour les remplacer et barrer toute sortie. La légion empêchait aussi l'accès à l'Isara, dont seule l'eau tumultueuse aurait pu nous secourir. Nous avions le nombre et l'énergie, ils avaient la ruse des actions prévues et la stratégie des blocs compacts : en effet devant l'Isara, la barrière de boucliers accolés était infranchissable ! Quant à nos chiens, les Romains avaient hélas compris qu'il suffisait d'en tuer le maître et que leurs attaques alors s'arrêtaient, dans des hurlements paralysés...

« C'est alors que Bituitos, lui-même piégé par les flammes, sentit la débâcle et perdit sa rage. Il décida le repli et le retour sur les terres arvernes. Mais un grand malheur les attendait : trop d'hommes s'y précipitant à la fois, le pont de bateaux céda, entraîné vers l'abîme ;

103. Ces archers de l'actuelle Rodez (Aveyron) étaient très connus.

la plupart moururent noyés. Une ultime catastrophe s'abattit sur Bituitos resté à l'arrière de ses hommes : les Romains parvinrent à le capturer, avec son fils Congonnietac ! À cet instant, la bataille s'arrêta, au son triomphant des cors romains, suivi des lugubres cornyx.

« Leur chef Maximus, pourtant malade de fièvre, fut alors porté en triomphe. On hurla partout aux vivants que désormais les chefs étaient romains, que, désarmés, nous pouvions repartir, et qu'aucun Gaulois ne serait plus mis en esclavage sur les terres salyenne, voconce, cavare, ni allobroge, définitivement romaines !

« Aucun de nous n'emmena de tête coupée. Nous dûmes entasser et brûler nos morts. Maintenant, nous n'avons plus d'armes. De l'autre côté du Rhodanos, les survivants colportèrent la défaite dans les campagnes...

« Le consul Domitius Ahenobarbus, vainqueur de la bataille d'hiver, rejoignit alors Fabius Maximus, et les deux chefs décidèrent de faire ériger en ce lieu deux tours pour leur triomphe(104), l'une dédiée à leur dieu Mars, l'autre à Hercule, nouvel usage qui écrit leur victoire dans la pierre et nous humilie définitivement(105).

104. Ces deux tours, pourtant détruites tard, n'ont pas encore été retrouvées. On les situe à Bédarrides. Les Romains par la suite, lors de l'Empire, érigeront un peu partout dans le même esprit des arcs de triomphe à l'entrée des villes, représentant souvent, comme à Orange, Carpentras ou *Glanum*, les Gaulois enchaînés et désarmés.
105. Il y aura, après cette conquête, encore deux révoltes allobroges locales, en 90 et 70. Mais quand arrivera César, la région sera totalement romaine.

Il se tut. Après un tel récit, la consternation des Viennois fut immense, le deuil général. Drutos ne disait rien. Son corps était marqué de blessures dont il restait fier, mais son silence affichait celle de son âme.

— Puissent mes enfants et petits-enfants défendre encore nos valeurs allobroges, nos qualités guerrières et nos traditions des montagnes... Pour moi, c'est fini, soupira-t-il, brisé.

— Tu es vivant, Drutos, lui dis-je tendrement. Et ton peuple est grand...

Puis l'heure vint de la séparation. Un petit groupe de soldats romains arriva pour réclamer le dû de Rufus : une fille habillée en Gauloise et sa nourrice ! Je m'avançai. Drutos fit alors ce qu'il n'avait jamais fait : il me serra très fort dans ses bras. Un bref instant je sentis sa puissance d'homme toute rassemblée dans sa main pressant mon dos. Puis il nous chargea de vivres, m'offrit un joli couteau de poche, et me laissa partir.

— Être loyal est mon devoir. Heureusement qu'il existe, parmi les Romains, des filles comme toi !... Je ne désespère pas de te revoir... car avec Rufus, ce n'est jamais qu'un pari perdu... et tu n'es pas mariée avec lui que je sache !

Je ne compris pas.

Au camp romain, bien plus loin sur la route du Rhodanos, on m'amena devant Rufus. Il avait le visage éprouvé mais triomphant. Il m'accueillit gentiment :

— Ne fais pas la tête. Tu t'habitueras. Auprès de moi, tu auras beaucoup de contentement, même si je suis boiteux !

Et il sortit de sa malle deux superbes tuniques aux belles fibules pour Memmia et moi, deux épingles de nacre et deux voiles fins à accrocher sur nos cheveux.

Moi, j'avais le cœur soulevé d'être là. J'entendais les gémissements des blessés. J'étais pétrifiée devant les hauts monceaux d'armes gauloises que nous venions de voir, entassées à l'entrée du camp...

Rufus parlait de cent mille morts... Le vainqueur Maximus était parti rejoindre mon père au camp d'Aquae Sextiae. Il allait embarquer à Massalia avec ses meilleurs guerriers vers le grand triomphe que lui réserverait Rome(106) ! Il allait y emmener avec lui Bituitos et son fils, prestigieux prisonniers aux mains liées.

Pourtant il ignorait encore ce que Drutos m'avait confié : Bituitos n'avait pas été capturé par la force mais par une traîtrise d'Ahenobarbus. En effet le consul était venu au-devant de lui et avait demandé une dernière fois à lui parler. Bituitos avait accepté, était tombé dans le piège romain, et fait prisonnier(107) !

106. Maximus récoltera en effet toute la gloire de cette victoire, sera nommé Allobrogicus et aura son arc de triomphe à Rome !
107. Ce fait ternit la gloire d'Ahenobarbus. Un article paraîtra plus tard à Rome titré *De la perfidie romaine*. Le Sénat, ayant appris la traîtrise, ne relâchera cependant pas Bituitos, de peur que la rébellion ne recommence. Bituitos sera gardé en résidence à Albe avec son fils et ne reverra jamais l'Auvergne.

Rufus dirigeait, donnait des ordres et organisait le retour romain sur les terres du Sud.

— Nous avons gagné, Livia !!! Comprends-tu bien que, de Nikkaia à Narbo, de Vienna à Genua, du Rhodanos aux *Alpes* s'étend désormais une immense province romaine ? Je suis terriblement heureux et fier d'avoir participé à cette victoire. Notre succès sera aussi retentissant que d'avoir rasé Carthage il y a vingt-huit ans ! Nous venons de marquer l'histoire de la civilisation !

Rufus était profondément persuadé d'amener le progrès et la vraie connaissance à des peuples incultes. L'avancée technologique, la ruse des combats l'en persuadaient. Moi qui avais maintenant vécu avec eux, qui me sentais de leur sang aussi, j'étais persuadée qu'il avait tort. Mais je ne pouvais lutter. Alors un grand découragement nous prit, Memmia et moi. Elle me caressa gentiment les cheveux.

— N'oublie pas : il faut laisser faire le destin, nous ne commandons rien.

Et c'est ainsi que j'écris, en Gaule « romaine » !

J'écris le 7e jour avant les Calendes de Septembre(108), à Ambrussum(109).

Aux côtés d'Ahenobarbus

— Attache tes nattes dans une coiffure digne de ce nom ! Plus question de ressembler à une barbare ! Fille de Sextius tu es et redeviens, plus que jamais ! Et surtout aujourd'hui, où tu vas rencontrer le proconsul d'une région qui s'étend des *Pyrénées* aux *Alpes*(110) !

— Allons-nous voir Cnaeus Domitius Ahenobarbus ?

— Oui, en personne ! Et tu vas comprendre aussi son gigantesque projet. Il attendait la victoire pour le réaliser. Tout bouillonnant, dès demain il veut en lancer la dynamique ! Immensément riche, aidé maintenant

108. Le 23 août -121.
109. *Ambrussum* est un oppidum très célèbre à Lunel (Hérault). Un musée est associé au site. D'abord ville fortifiée gauloise, les Romains l'ont ensuite occupé, pendant et après la construction de la voie. Ils ont alors édifié le pont, visible encore, sur le Vidourle.
110. La région devient Provincia (d'où son futur nom de Provence) et s'appellera aussi Gaule narbonnaise.

de l'État romain, il va commencer la construction d'une voie digne de ce nom... de l'Hispanie aux Alpes... sur les traces d'Hannibal ! Et bien avant lui, d'Héraklès lui-même ! Incroyable, non ? Il m'appelle donc auprès de lui et nous le rejoignons ! Prenez ces couvertures, car nous descendons le Rhodanos !

Memmia fit la moue, contrariée de reprendre un bateau sur le dos de ce géant. Mais, Ovidis ayant autrefois guéri sa peur de l'eau, elle obtempéra. Moi aussi, je faisais grise mine : en insultant les Gaulois et en les rabaissant sans cesse, se rendait-il compte qu'il insultait chaque fois ma mère ? Il me faudrait bientôt le lui dire... mais comment faire la moindre remarque à un homme qui, joyeux, se réjouissait d'agir, plaisantait de tout et était à ce point convaincu de sa valeur ?

Heureusement, le bateau était très gros, le fleuve plutôt calme, même à l'endroit où l'Ardesca(111) s'y jetait, le temps splendide, nous n'avions rien à craindre. Nous transportions des tonneaux vides en quantité et des roues de frêne cerclées de fer, destinées aux chars. Le bateau avançait vite. Memmia profita de ces heures calmes pour m'exercer encore et encore aux mathématiques, ce qui amusa beaucoup Rufus.

— Et tous ces calculs de tête, sans stylet ni tablette ? Mais comment fais-tu ?

111. Ardèche, site perché de Saint-Just-d'Ardèche.

— Je me suis entraînée depuis un an, lui répondis-je, exactement comme tous ces barbares que tu méprises... et certainement comme le naute qui dirige ce bateau !

J'étais contente d'avoir saisi l'occasion. Je n'avais rien à perdre, exaspérée. Heureusement, le Gaulois n'avait pas compris. Rufus ne cessait de lui donner des ordres, sans rien connaître à la navigation, sans la moindre gêne, avec le seul aplomb du conquérant.

— Je ne méprise personne, tu as tort, mais avoue que si je devais payer celui-là, je doute qu'il sache compter mes pièces de monnaie !

— Évidemment ! Tous les échanges en Gaule ne passent pas forcément par l'argent ! Et pourquoi un transporteur ne saurait-il pas compter ?

— Tu as réponse à tout Livia ! Je m'incline, ne te fâche pas ! Je vais bientôt t'appeler « la tigresse » !

Rufus montra ses crocs pour se moquer. Il riait, déjouait tout, faisait des pirouettes et des jeux de mots. Il ne voulait pas de conflit, assis dans ses certitudes. Mon agressivité ne servait à rien. Ma colère tomba à l'eau. Memmia était assoupie. Le fleuve nous berçait.

Il y eut plusieurs étapes et de petits ports où les nautes changèrent. Je reconnus Aouenion[112], mais ne parlai ni de Drutos ni de notre premier voyage dans

112. Avignon.

l'autre sens. Par endroits, l'eau était sombre, et je voyais le visage de Drutos qui flottait... Cette image me faisait une peine au centre de moi, comme si mon nombril se creusait. Puis je repensais à ma mère, à ses grands yeux gris et patients, à sa douceur, à ses paroles de paix. Sa présence à elle aussi me manquait...

Plus on descendait le fleuve, plus la végétation changeait. Août dans ces régions, comme aux alentours de Rome, brûle tout et ne laisse rien de vert, hormis les cyprès, les chênes et les pins. Dans cette sécheresse, l'ombre de la nuit fraîche fut bienvenue. Les marins connaissaient leur métier et avaient l'habitude de voyager jour et nuit. La lune rendait tout feutré et blanchissait la surface de l'eau. Dans cette atmosphère un peu mystérieuse, me revint alors une légende racontée récemment par ma mère :

— Il est un pays, disait-elle, entre la mer et l'eau douce, où toutes les frontières sont fluides, où personne ne connaît les limites entre le visible et l'invisible. Des femmes y ont créé une société sans guerre et loin des hommes. Elles y cultivent des champs que la moindre pluie inonde. Elles ne s'y déplacent qu'en légères barques, et aucun chemin ne peut y être tracé durablement. Elles vivent consacrées aux plantes, et inventent même des fruits nouveaux...

Par moments, je voyais passer des îles et j'espérais

croiser un tel pays. Car je rêvais de fuir ce Rufus qui m'emmenait où je ne voulais pas aller. Mes songes se mêlaient aux feuillages qui bordaient le fleuve sur des berges improbables et changeantes...

Arrivés à Ugernum(113), ce fut la fin de notre périple fluvial. Nous débarquâmes et la fin de la nuit se passa dans un petit camp romain tout proche. Au matin, Rufus vint nous réveiller, avec des chevaux.

— Je préfère ne pas révéler trop vite ton identité à Domitius, mais je lui ai dit que tu étais fille de haut rang et que je te ramenais à Massalia. Il ne posera aucune question, trop préoccupé. Il accepte de vous prendre sous sa protection. Cependant il ordonne que Memmia travaille avec deux autres femmes aux tâches de lessive et de cuisine. Quant à nous, nous l'accompagnerons, avec les ingénieurs géomètres et architectes, jusqu'à Narbo. Le tracé de sa future voie déjà établi, il la nomme désormais « domitienne » !

Tels furent les propos de Rufus, et nous n'en savons pas plus aujourd'hui. Depuis notre débarquement, il vient de se passer huit jours. Nous le voyons à peine. Très occupé, sa tâche consiste, comme il parle bien la langue gauloise, à négocier, tout le long, des contrats

113. Nom latin de Beaucaire, en face de Tarascon. Ils évitent l'oppidum de Nîmes, grand site d'une source gauloise, au cœur d'un bois sacré, future grande ville romaine : *Nemausus*.

avec les équipes qui vont creuser la voie. Il semble que certains Allobroges, prisonniers de la bataille de février, puissent servir pour cette tâche.

Il faut amener, pour empierrer cette route, des quantités incroyables de cailloux des montagnes, et des tonnes de sable. Cela nécessite de gros transports, ainsi que des artisans capables de faire du mortier. Ahenobarbus exige que sa voie ait la même largeur que dans tout le monde romain, afin que les chars y circulent facilement, ainsi que les armées. Donc il refait, il redessine et élargit partout la voie gauloise !

Hier matin, lors d'une réunion, comme le consul était sur une estrade, je l'entendis fixer les objectifs pour tous les corps de métiers, que je notai soigneusement pour Titus[114]. J'eus alors l'occasion d'observer cet homme prestigieux et bien plus dur encore que mon père.

Son visage fermé semble lui-même une armure, aucun sourire ne l'anime jamais. Ses petits yeux noirs, ses cheveux courts et sa barbe roux foncé lui donnent l'air d'un renard aux aguets. Il se méfie de tous. Autoritaire et très craint, il ne laisse personne discuter ses ordres. Pour lui, tout est réalisable, et son ambition ne connaît aucun obstacle infranchissable.

Dans cette assemblée se trouvaient des notables

114. Voir le dossier à la fin du livre.

d'Ugernum, de Nemausus et d'Ambrussum, et il signa un nombre considérable d'accords avec eux.

Les habitants de l'oppidum volque(115) d'Ambrussum qui domine la rivière Vidourle nous ravitaillent et nous accueillent généreusement, avec la garnison romaine. Leur chef souhaitait que Memmia et moi enseignions d'urgence quelques mots latins aux femmes du village. Il nous a installé un abri le long du rempart et a décrété que nous y serions mieux qu'en bas, au bord du cours d'eau porteur de moustiques. Car la chaleur de cette fin d'été est devenue accablante.

Tout est plus sec encore ici qu'ailleurs, entre les chênes, les cistes et les genévriers qui piquent tant les jambes. Malgré la présence de vignes aux bons raisins dont nous profitons, je regrette les montagnes, celles de Vasio bien sûr, mais surtout celles de Genua, où vit Drutos : comme il doit y faire frais ! Plus je vais vers le sud, plus je pense à l'ombre majestueuse des sapins, aux verdoyantes prairies, parcourues de torrents joyeux, à toutes les merveilles herbeuses de l'automne passé.

Et je suis de plus en plus triste chaque jour ! Depuis une semaine, Rufus ne fait que travailler, organiser,

115. Les Volques Arécomiques sont le peuple gaulois de Nîmes et sa région (différent des Volques Tectosages de Toulouse). Leur nom viendrait d'une racine celtique *uolc-* qui signifie le faucon. C'est la même racine que celle du nom des Valaques, des Wallons et des Welches.

courir partout. De surcroît, il refusait toute entrevue jusqu'à, enfin, hier soir ! Car je ressentais depuis longtemps la nécessité d'une conversation que je lui demandais. Alors que Memmia était occupée ailleurs, il s'approcha. Au contraire de moi, il était souriant :

— Oh oh ! tu fais encore ta tête de chat sauvage !? Vas-tu sortir tes griffes ? chat ou tigre ?

— Non Rufus, mais j'ai seulement besoin de savoir quelles sont tes intentions et pourquoi tu m'as arrachée à la vie qui était la mienne. J'ai trop attendu. Je n'ai rien à faire ici, qu'observer les arpenteurs et cuire lentement dans cette canicule... Dis-moi de quoi demain sera fait !

— C'est vrai que l'on serait mieux au bord de la mer ! Mais quitter le tracé de la voie m'est impossible...

— Alors, laisse-nous, Memmia et moi, au moins aller nous baigner... J'ai trop chaud, la mer est si proche...

J'avais saisi la balle au bond. J'avais proposé cela sans réfléchir, sans en parler à Memmia et sans arrière-pensée. Et contre toute attente, peut-être pris de court, il fut tout de suite d'accord.

— Mais il faudra revenir pour la *cena*, car rien ne nous réjouit plus ici le soir que la cuisine de Memmia ! As-tu goûté ce raisin, combien il est sucré ? S'il n'y avait ces torrents qui peuvent ici soudain grossir les rivières de dix fois leur lit, je cultiverais bien la vigne. Je trouve cette région idéale, pas toi ?

— Pourquoi donc ? Dévies-tu la conversation ?

— Au contraire ! Je suis en train de te dire que nous ne sommes pas obligés de vivre ni à Aquae Sextiae ni à Massalia ! N'aimes-tu pas ces petites collines vertes ?

— Pleines de piquants et toutes semblables ?

Je ne savais plus quoi dire. En fait, j'éprouvais un énorme choc : son emploi du « nous » était si brutal que j'essayai de cacher mon émoi et mes interrogations.

— N'as-tu pas prévu... de me ramener à mon père ?

— Bien sûr que si ! Mais ce n'est pas pour te laisser avec lui ! Livia, ne vois-tu pas, si mon propre père en est d'accord bien sûr, que je veux te proposer une certaine vie ? Narbo, Nemausus, Arelate ? Nous n'avons aucun besoin de vivre près de ton père...

— ...

— J'imagine, vois-tu, du marbre, beaucoup de marbre, une maison fraîche, des esclaves en quantité, surtout pour les jardins. Car l'eau y coulera en abondance dans des fontaines et des bassins entourés de buis, de lauriers et de ces hibiscus venus d'Hispanie... J'y vois jouer des enfants, un peu trop gâtés, et tout roux comme toi ! Livia, n'as-tu pas compris que je veux demander ta main à ton père ? Voilà, c'est dit ! Et cette bague en or pour ta jolie main !

Ainsi me voyait-il : alanguie sur des coussins à prendre le frais dans l'atrium, regarder nos enfants grandir et laisser le temps passer, dans le luxe romain, couverte des bijoux volés aux autres peuples, à donner des ordres à des esclaves dont certains bien sûr seraient gaulois... Je ne répondis rien, le cœur soulevé. Je pris l'anneau et le remerciai sans effusion.

Ce soir il est tard et je n'ai rien dit à Memmia. Je ne sais que penser. Je ne veux pas de la vie des autres filles ! Heureusement nous allons demain voir la mer !

J'écris le 3e jour après les Calendes de Septembre(116), à Saint-Blaise(117).

Chapitre 16

Vers la mer

Cet après-midi-là, écrasées de chaleur, nous allâmes à la mer, car il y avait, à une heure de distance, de longues plages de sable fin. J'avais besoin de vider ma tête, absolument et de voir très loin. Memmia voulait aussi se détendre, très contrariée d'être à nouveau traitée en esclave, après un an et demi de liberté. Nous en avions toutes deux très gros sur le cœur.

— Memmia, j'ai besoin de te parler...

— Je m'en doute... Mais baignons-nous !

Nous profitâmes un long moment d'une eau merveilleuse et vaste. À terre, sur la plage, se trouvait l'étroitesse de notre existence... J'essayai alors de lui

116. Le 3 septembre -121.
117. Environs de Martigues, étang de Berre.

confier mon malaise, je lui racontai tout. Il me semblait que j'étais encore au carrefour de deux vies : l'une tout à fait gréco-romaine, dans le droit fil de l'éducation de mon père... l'autre, gauloise, plus risquée, moins confortable, mais dans le droit fil de l'esprit de liberté et de curiosité qu'elle m'avait inculqué...

— Pour l'une je vois déjà, malgré le sourire de Rufus, le noir sourcil de mon père, pour l'autre je vois l'accueil généreux de ma mère...

« Dans l'une, ma chère Memmia, tu aurais une petite chance de créer une école grecque, dans l'autre tu verrais, en toute liberté, ta protégée devenir savante, et tu enseignerais les langues sans école...

« Dans l'une, je deviendrais l'épouse du joyeux Rufus, ambitieux et insouciant soldat, qui méprise les Gaulois et me blesse à chaque fois qu'il en parle. Mon père en ferait son allié et nous vivrions dans la gentille fraternité que j'éprouve pour lui. Ahenobarbus, je le sais, le couvrirait de richesses. Dans l'autre, je retrouverais ma mère et aurais une chance de revoir le fier Drutos...

— Pour lequel tu éprouves... Finis donc ta phrase !

— Quelque chose de tendre qui me lie... et dépasse tout ce que j'ai éprouvé auparavant : il me manque !

Assises sur la plage, il y eut soudain entre nous un silence épais, comme infranchissable. Nous étions-nous comprises ?

Car au moment de repartir, je donnai à mon cheval la direction contraire ! Memmia suivit, puis me rejoignit avec un large sourire : sans rien nous dire, nous venions de nous ENFUIR ! Nous partagions le même élan.

Non loin, en direction de l'Hispanie, nous allions trouver l'oppidum gaulois dont tout le monde parlait : un port au bord de la mer... Y embarquer sur un navire eût été merveilleux, mais... comment débarquer ensuite, ailleurs qu'à Massalia, sans chevaux ni argent ? Nous commencerions donc par nous y cacher un temps...

— Direction Lattara(118), la ville dont parlaient les Volques, n'est-ce pas ? dit joyeusement Memmia. Nous devrions y arriver vite en longeant la côte... Voici venue l'occasion, je pense, de te servir du portrait de ta mère ! Je savais bien que ce cadeau des deux affranchis de Rome allait t'aider un jour(119)...

Nous eûmes à dépasser un cap rocheux où les chevaux eurent bien du mal à marcher. Mais, au détour de cette pointe de mer, nous attendait un spectacle extraordinaire, inimaginable ! Sous l'oppidum s'étendait une large plage de sable remplie de monde. Une foule entourait

118. L'oppidum de Lattes, autrefois en bord de mer, et son musée archéologique Henri Prades se visitent. La *via Domitia*, s'éloignant du littoral, n'y passera pas.
119. Les esclaves affranchis avaient offert à Livia un petit portrait qu'elle aimait depuis toujours, sans savoir que c'était celui de sa mère ; Sextius leur avait fait rechercher Voadicia partout après sa fuite de Rome. Livia avait gardé ce portrait parmi ses « trésors » porte-bonheur.

une masse grise énorme, échouée et bien plus grande que les petits humains qui se pressaient autour : une baleine, monstre des mers !

À Rome, une fois, j'avais vu ce géant dessiné sur une mosaïque, mon maître aussi m'en avait parlé, mais cela s'était vite confondu avec Charybde, Scylla et autres monstres qui appartiennent au monde des dieux... Qui pourrait admettre que le Cyclope puisse exister ? Eh bien là, nous ne pouvions en croire nos yeux : ce cadeau de Neptune faisait au moins quinze coudées, avec des taches jaunes et blanches(120), et occupait la curiosité de toute la ville réunie. Cet étonnement partagé nous rapprocha au point qu'on ne nous demanda rien.

Un ensemble de pêcheurs avec de grands couteaux avait réussi à commencer un dépeçage difficile. Apparaissait une énorme côte. Il y avait un squelette, et non des arêtes ! Toutes leurs actions étaient martelées au tambour, et, selon le rythme, cela déclenchait des phrases chantées par l'assemblée.

Chez les Voconces j'avais déjà observé ce rituel, lors du partage d'un porc. On m'avait expliqué que si jamais un dieu se trouvait dans ce corps, il fallait absolument le prévenir pour qu'il puisse migrer ailleurs...

On disait ici qu'un tel monstre ne visite les hommes

120. Ces taches sont des parasites. Des objets en os de baleine ont été trouvés à Lattes.

que tous les « cinq-vingts »[121] ans et qu'il leur laisse son enveloppe en signe de richesse... Aussi le respectait-on infiniment. Prières et hommages se succédaient. Le druide expliquait les actes à accomplir.

— Tout va servir dans ce précieux cadeau, nous dit-on pendant les préparatifs de la fête. D'abord la viande bien sûr, que nos feux s'apprêtent à cuire et fumer. Tenez, mangez-en ce morceau cru : gage de force et de bonne santé pour les mois qui viennent ! L'huile ensuite fournira notre consommation d'au moins une année... nous en ferons même des onguents. Ses fanons feront de solides baguettes ; dans ses os nous taillerons des objets. Enfin, un marchand des îles du Grand Nord nous a appris qu'avec son intestin nous pourrions faire non seulement des sacs mais des tissus qui résistent à la pluie : y arriverons-nous ?

Tout le monde ne parlait que d'elle !

C'est à peine si on s'aperçut que nous étions habillées en Romaines et que nous n'avions rien à faire là... Aussi, au bout d'un moment, nous nous glissâmes vers le druide qui présidait aux rituels. J'avais pris soin de relâcher mes nattes à la manière gauloise et tentai dans une langue encore bien hésitante :

— Grand sage du peuple volque, que les dieux

121. La numération par vingtaines est typiquement gauloise. De là vient notre « quatre-vingts ».

t'honorent. J'ose m'adresser à toi, car je suis la fille de Voadicia Ias, grande prêtresse voconce. J'ai été capturée par un Romain, nous nous sommes échappées et te demandons asile. Votre oppidum peut-il nous abriter quelque temps ? Nous cherchons à rejoindre les embouchures du Rhodanos à l'est...

Je lui présentai alors le portrait de ma mère, ce qui l'étonna. Il fut si troublé de voir une personne des leurs, « représentée », bien qu'il ait déjà côtoyé des Grecs, qu'il embrassa ma main.

— Je connais cette femme remarquable, me dit-il. Elle est passée ici il y a une quinzaine d'années pour aller chez les Celtibères... Tu as, toi aussi, ce regard !

Il donna des ordres à un homme qui nous conduisit alors, avec nos chevaux, vers l'oppidum de Lattara. Celui-ci était non seulement très vaste mais aussi très habité, avec des constructions régulières et droites. Entre le fleuve *Lez*, la lagune et la mer, au croisement des eaux, comme Larina, Genua, Vienna et tant d'autres, Lattara porte bien son nom, comme Arelate à l'envers(122) ! Il semblait vraiment spécialisé dans la pêche, car des filets pendaient partout devant les habitations. Que ma mère soit venue dans ces murs me touchait.

La confortable maison de terre (murs et toits) où le

122. *Ar-lat* voulant dire « marais devant le fleuve », on les retrouve dans *Lat-ara*.

druide nous fit pénétrer par une grosse porte de bois était un atelier spécialisé : on y taillait et réparait des centaines d'objets de pêche. Memmia remarqua tout de suite, dans ce fouillis, la présence d'objets grecs sur les étagères, et même le nom de *Kleanax* recopié sur du bois(123) ! La seule présence d'un objet grec l'enchanta. L'homme étendit une large natte rouge sur un sol pavé de grands carreaux, nous donna à boire et des couvertures, puis déclara :

— Je vais lâcher vos chevaux dans l'enclos des nôtres pour qu'on ne les repère pas. Je vous conseille de ne pas redescendre sur le rivage, car les Romains ne tarderont pas à apprendre la présence de la baleine... et viendront sans doute la voir ! Je vous apporterai à manger.

Nous le remerciâmes. La fatigue se faisait sentir, plus que la faim, et surtout le besoin d'être bien cachées, seules dans ce nouveau monde...

— À cette heure Rufus nous cherche déjà... J'espère que nous ne regretterons pas trop ce coup de tête !

Le lendemain, nous fîmes connaissance avec les habitants qui s'avérèrent chaleureux et accueillants. Memmia offrit de cuire les galettes à même le four comme elle sait si bien le faire, remplies de fromage et d'olives en morceaux. Ce fut un succès, auquel ils ajoutèrent de la baleine qu'ils firent cuire sur un gril.

123. Ces objets sont visibles au musée de Lattes.

Ce dernier était tenu par deux beaux chenets d'argile en forme d'animaux à longs cous. Ce détail me frappa, car ils ressemblaient à ceux que j'avais déjà vus à Vienna. J'appris qu'ils servaient aussi pour les repas rituels.

Notre hôtesse était très belle et portait une ceinture semblable à celle de plusieurs femmes de l'oppidum : une chaînette alternait anneaux et maillons, et portait de longs pendentifs jusqu'aux jambes[124]. Non seulement c'était très joli, mais sa démarche s'accompagnait alors d'un léger cliquetis qui faisait son charme. Notre hôtesse avait aussi un bracelet en verre coloré bleu [125] ! Elle nous raconta l'histoire de la famille Kleanax qui comptait six générations de pêcheurs et se disait originaire de Massalia... En toute confiance, elle nous montra même, enfouie dans le sol, une cachette qui contenait des monnaies massaliotes. Sur la plupart de ces pièces, une sorte de croix séparait quatre soleils et quatre lunes...

— De quoi acheter toute une flotte.

— Vous voulez partir ?

— Non, mais nous ne sommes pas très sûrs, dans l'avenir, de nous entendre avec les Romains...

On nous apprit que plusieurs maisons avaient ainsi en réserve des « trésors » dont ils ne se servaient pas... Comme notre voisin le vannier par exemple, fabricant

124. Fabrication typique de Lattes.
125. Ni les Grecs ni les Romains n'utilisent la couleur bleue.

de nasses oblongues en bois de saule, très solides et pouvant piéger de gros poissons[126]. Ou un autre voisin encore qui nous invita à visiter sa forge. Il y travaillait un fer venu par barres de la « *Montagne noire* », ou encore un cuivre venu de la vallée de l'Arauris[127], dans de grandes fosses creusées, toutes noires...

Les femmes, elles, voulaient tout nous montrer : leurs tissages, leur huilerie et bien d'autres choses encore, mais nous voulions rentrer. Nous avions bien trop peur, en plein jour, de nous trouver nez à nez avec des Romains... Nous passâmes par la grande place du Guerrier de Lattara, une statue qui montre que nous avons rejoint les peuples méditerranéens... : un homme accroupi en train de tirer à l'arc, protégé d'un casque et de deux grands disques décorés de cercles[128]...

Memmia et moi partageâmes alors la même réflexion : comme il est beau de revoir des sculptures !

Le soir nous fûmes reçues par le chef et sa famille. Il nous invita à échanger nos montures trop « visibles » contre deux de leurs chevaux blancs. Je leur tendis mon « anneau de fiançailles » mais ils n'en voulurent pas, c'était trop d'or pour le service rendu.

126. Une telle nasse a été retrouvée, maintenue deux mille ans en milieu humide, dans la fouille de Port Ariane.
127. L'Hérault, fleuve côtier.
128. Ce guerrier gaulois est une première. L'art de la sculpture vient du monde méditerranéen.

Il nous proposa de traverser les grands marais de *Camargue*[129] en compagnie d'un de leurs hommes qui en connaissait très bien les chemins, à l'abri des Romains. Il nous offrit aussi des braies pour chevaucher. Et nous partîmes ! Si ma mère n'avait pas été prêtresse, s'ils ne l'avaient pas connue, et si les affranchis de Rome ne m'avaient pas donné son portrait avec la phrase « Ne t'en sers qu'en cas de grand danger », nous n'aurions jamais obtenu de telles faveurs... Il est curieux de voir comment la vie se tisse des fils qu'elle donne.

Depuis Lattara, ce ne furent plus qu'étangs et marais, résidence très honorée des dieux. Jamais je n'avais vu d'eaux si sauvages, ni de telles quantités d'oiseaux. Notre guide nous en donnait des noms : bouscarle, tarin, aigrette, héron, sarcelle. Quant aux flamants roses, ils expriment à eux seuls toute la délicatesse du monde... Il y en avait partout !

Des troupeaux entiers de taureaux noirs, aux cornes en forme de lyre, se déplaçaient dans les eaux argentées. Ils côtoyaient les chevaux blancs dans la lumière chaude de fin d'été. Si les Alpes m'avaient impressionnée, la très douce *Camargue* entre ciel et eau, avec parfois des hommes, si petits sur l'horizon, m'apportait autant de beauté. Car, quand l'espace est plat, les couleurs se trouvent rehaussées : la salicorne, comme les bruyères dans

129. Du nom de la déesse Camars.

d'autres lieux, offre ici mille petits points bleus qui en hiver, paraît-il, deviendront rouges... Le soir, les gammes de gris viennent se mêler aux roses des tamaris en bouquets. Quelle beauté que ces roseaux qui ploient à peine et font leur musique dans le vent bruissant !

Un groupe d'hommes nous vit passer, ils ramassaient des brassées de roseaux avec des faucilles bien affûtées. Ils les déposaient en tas sur des sortes de radeaux bordés d'outres, embarcations à fond plat que nous avions déjà vues sur le Rhodanos(130) et qu'ils pilotaient sans problème dans les marais.

Il fallut, à un moment donné, passer un grand gué, mais nos chevaux se sentaient très à l'aise dans l'eau. Nous dérangeâmes des grenouilles endormies et même une tortue ! Je pensai alors avec nostalgie à la mienne, si précieusement ramenée de Rome et qui m'attendrait encore longtemps à Massalia...

Notre conducteur dans les marais eut bien des attentions pour nous. Tout d'abord il nous donna une potion à étaler partout où notre corps était dénudé, contre les moustiques. Puis il eut soin d'éviter la route d'Arelate, où nous risquions fort d'être attendues.

Cependant, la traversée plus bas d'un bras du Rhodanos devait être bien plus périlleuse... Car les Gaulois avaient construit une sorte de caisse flottante

130. Ces embarcations s'appellent utriculaires.

dont les bords empêchaient le cheval de s'échapper. Épousant une particularité du courant à cet endroit, ils arrivaient à la manœuvrer suffisamment pour arriver, sans verser, sur l'autre rive... Ainsi passaient de gros sacs de sel, des roseaux, des chars ou parfois du bétail... Le batelier nous fit passer une par une, après une offrande et un beau chant à l'imprévisible fleuve.

La traversée de ces deux stades au moins[131] de largeur donna lieu à un tel soulagement qu'il fut très joyeux de manger sur le lieu d'arrivée. La maison de pêcheurs qui nous accueillit, toute blanche et couverte de cannisses, rappela soudain la Grèce à Memmia... Nous saluâmes notre guide resté de l'autre côté. C'est lui qui nous avait donné de quoi remercier nos hôtes : deux fanons de baleine dont ils furent ravis !

Nous étions maintenant de l'autre côté, loin de Rufus, assez proches de Massalia, et totalement seules. Courant le danger d'être vues, nous devions redoubler de vigilance. Memmia avait dans l'idée de rejoindre un oppidum de l'étang de Berre, abandonné, qu'elle avait déjà connu lorsqu'elle me cherchait. Elle savait qu'il y restait des décombres habitables[132].

131. Le Rhône fait presque 400 m de large à l'endroit de l'actuel bac de Vaccarès.
132. Dans le tome 2 se trouve le journal de Titus, où celui-ci raconte son périple avec Memmia, Saodas et Fulvia à la recherche de Livia, tour complet des oppida gaulois autour de l'étang de Berre.

Un célèbre oppidum en ruine

Le guide des marais nous avait indiqué l'itinéraire vers ce fameux oppidum de *Saint-Blaise*, vaincu et déserté, autrefois puissante ville appartenant au vieux peuple du sel. Nous avions du mal à distinguer mer et étangs, tout se confondait. Nous nous perdîmes plusieurs fois. Le voyage, malgré sa grande beauté dorée, verte et bleue, s'avéra difficile. Les ronces et les broussailles avaient repris leurs droits, depuis, il y a trois ans, la victoire de Flaccus ou de mon père, je ne sais plus... Enfin l'arrivée sous cet oppidum nous soulagea. Avec des murs pareils, aucune chance d'être repérées, Memmia avait bien choisi... mais par où entrer ?

« À l'est et au nord : falaises infranchissables, mais au sud, vers Mastramèlé(133) : deux grandes portes »,

133. Martigues. L'oppidum de Saint-Blaise se trouve à Saint-Mitre-les-Remparts et se visite.

nous avait dit le guide. Il avait raison. Mais il ignorait que certaines portions de rempart étaient inachevées (qui ne seront jamais terminées !), et bouchées par des planches, depuis écroulées.

La muraille, en grand appareil, évoquait tout de suite Massalia (même couleur de pierre, même taille grecque). Elle était neuve et forçait l'admiration du voyageur ! Quel paradoxe, alors qu'elle ne défend plus personne ! Vue de dessous, la ville semblait imprenable, et il avait certainement fallu les catapultes romaines pour entamer pareil mur ! Je me souvins du *Journal en Massalie* de Titus et qu'il avait noté la présence de ces étranges merlons en haut des murs, les mêmes qu'à Glanon, et que nous n'avons vus nulle part ailleurs...

Un tel rempart apparaît bien plus « luxueux » que ceux des oppida rencontrés jusqu'à présent : ce peuple du sel était-il plus riche que les autres ? Certainement ! Le sel est cher et circule partout, tout le monde en a besoin ! Y avait-il ici, pour les Salyens, une autre capitale qu'*Entremont* ? Ou bien, une ville rivale de Massalia qui aurait voulu l'impressionner par ce mur ? Il y avait sûrement une raison...

Crixia Valmarros, chez laquelle nous comptons bien faire étape dans les jours qui viennent, m'avait parlé des incessants combats entre Massaliotes et Avatiques [(134)]...

134. Avatiques : population de l'île fortifiée de Martigues et de l'étang de Berre, sans doute des Salyens.

Quoi qu'il en soit (et on ignore qui racontera cette histoire maintenant que tout est détruit !), nous arrivions dans un lieu exceptionnel ! Un site non seulement lié, comme toujours, aux puissances du fond (terre, roche, eaux)... mais aussi un espace qui, ici, communique avec le ciel ! On en est proche, et dans une distance magnifique par rapport aux deux étangs[135] verts.

Le « luxe » de ce mur grec, recouvrant l'ancien mur gaulois, avait donc été notre première impression... Hélas, quand nous eûmes franchi la grande porte charretière toute défoncée, un spectacle pitoyable nous attendait à l'intérieur... En trois ans, *tout* avait été pillé, après même les ravages de la guerre.

On avait du mal à se faire une idée de cette ville. L'herbe avait fini par pousser sur les trottoirs et dans les rues au sol pourtant si bien tassé. Les petits animaux de la nature étaient le seul signe vivant que nous croisions. Le temps ici était arrêté, et l'immobilité de tout rendait l'endroit presque irréel...

Ce fut ensuite une impression bien étrange, horrible même par endroits, de pénétrer dans des maisons qui contenaient, il y a peu, l'intimité des familles.

— Tu vois, Memmia, jamais l'oppidum d'*Entremont* ne m'a donné cette sensation, car là-bas il y avait des

135. Étangs de Citis et Lavalduc.

gens, des poules, des chars... Mais ici... dans ce vent... c'est comme si nous étions des survivants...

— À Babylone, enchaîna Memmia, on raconte que dans la nuit des temps, le grand héros Gilgamesh avait rencontré Utanapishtim, le survivant du déluge... (Un peuple de là-bas, qui se nomme juif, a d'ailleurs repris ce récit et a appelé le héros Noé...) Mais personne n'a décrit dans ce livre[136] ce qu'ont ressenti cet homme et sa famille en redescendant de leur bateau, sur une terre que n'habitait plus personne...

Memmia chercha à retrouver la grande maison du bronzier Uebros, chez lequel elle avait été accueillie il y a deux ans. Mais quand elle l'eut trouvée, ce fut encore plus triste, car la cour intérieure comme les pièces autour avaient été mises à sac... et il n'y avait plus la moindre trace de leur vie ! Cependant, comme un toit l'abritait encore, nous nous y installâmes, au milieu des choses cassées, avec les oiseaux pour seule compagnie.

Nous devons faire étape ici, car Memmia a très mal au dos. Heureusement, je peux encore écrire ces lignes. Ce rouleau me rassure, tel un compagnon. Mais il sera bientôt fini.

136. On ne sait pas si l'épopée de Gilgamesh, bien antérieure, est encore connue du monde greco-romain.

J'écris le 5e jour des Calendes de Septembre.

Ce qui nous arriva, il y a deux jours, est une vraie catastrophe : au matin, nos chevaux s'étaient échappés, nos juments blanches avaient disparu ! Toutes mes recherches (Memmia ne peut plus marcher, malgré mes décoctions de saule blanc) jusqu'aux étangs furent vaines. Alors voilà ce que je fis, désespérée : j'envoyai une lettre à mon oncle Titus, à Massalia, mon seul soutien possible dans la région. En effet, la chance me fit rencontrer hier un berger qui acheminait un troupeau et quelques kilos de sel vers la cité grecque. Je lui demandai alors de ne rien dire à personne et lui promis que Titus lui offrirait une très belle récompense contre mon anneau.

Cher Titus,

Que les mânes de nos ancêtres soient honorés !

Je ne te demande pas de trahir mon père(137)*, mais l'heure est grave, sache-le. J'ai besoin de secours et d'aide !*

Destinée à Rufus qui m'a, tu ne le sais pas, arrachée à ma mère, emmenée chez les Allobroges pendant la guerre, puis, après sa victoire, ramenée avec lui, auprès du consul Ahenobarbus vers Narbo, j'ai réussi à m'échapper avec Memmia. Je souhaite retourner vivre avec ma mère, c'est mon choix, sans doute choquant pour vous tous. Mais c'est ainsi.

137. Titus est le jeune demi-frère du général Sextius. Dans les tomes 1 et 2, il est l'ami et le soutien de Livia, qu'il apprécie beaucoup.

Nous avons cheminé jusqu'à Saint-Blaise, *que tu connais bien. Mais voilà que nos juments, attirées par les étangs ou par quelque étalon, se sont enfuies, nous laissant seules, sans monture et sans vivres.*

J'ose donc t'écrire, après d'inutiles recherches. Aller à Massalia serait évidemment notre perte : subir le rejet familial ne peut être mon souhait, même si je sais que ta mère me pardonnerait. Même si je connais aussi l'amitié née entre Memmia et elle. Tout cela n'aurait aucun poids face à mon père et mon grand-père ! Ils agiraient en maîtres, me rendraient à Rufus (dont je ne veux pas) et chasseraient Memmia (dont je ne souhaite plus jamais me séparer).

Un autre destin m'attend, sans Grecs ni Romains, bien qu'ils aient gagné la guerre. Nous désirons repartir vers le nord, pour mille raisons que je ne puis t'écrire. Memmia, souffrante, ne peut plus voyager à pied. Nous ne disposons pas de son pécule(138)*, resté chez ma mère l'an passé, où Rufus nous a capturées. Nous n'avons plus ni argent, ni nourriture, ni chevaux. Quant à moi je n'ai bientôt plus de papyrus... Cette lettre est mon espoir !*

Toi seul peux me comprendre et me respecter, aussi je t'appelle au secours !

Ta nièce Livia.

P-S : garde l'anneau de Rufus...

138. Somme d'argent accumulée par un esclave durant sa servitude, grâce à la générosité de ses maîtres, afin de lui permettre de racheter sa liberté un jour. Memmia avait confié le sien à Ias Voadicia.

Après cette lettre, nous attendîmes deux jours. Nous avions si faim qu'aucune maison[139] n'échappa à notre fouille. La grille d'un four intacte au seuil d'une maison et un petit paquet d'hameçons perdu sous une amphore cassée me permirent de pêcher et de cuire du poisson. Il y eut aussi la découverte d'un chaudron et d'une belle louche prise dans un filet de pêcheur, ayant échappé au pillage. Une soupe de poisson nous régala.

Ailleurs, dans une jarre, restait un fond d'huile d'olive avec laquelle je pus masser Memmia. Une meule à grain aussi était là mais hélas, pas la moindre céréale à écraser ! Pourtant, dans la rue principale se trouvaient un véritable magasin aux jarres enterrées[140] et un autre de sacs à sel en vannerie. S'il n'y avait pas la moindre graine, en revanche, le sol était jonché de coquilles : huîtres et moules, dont ils avaient dû tous raffoler !

Non loin de là se dressait encore un splendide bâtiment à colonnes, lieu d'assemblée de la ville. Alternaient partout les types de construction, grecs ou salyens, en terre ou en brique, pareillement défoncés par les boulets de baliste romains.

Je fis plusieurs fois le tour des remparts aux onze

139. Au moment de sa destruction, on évalue le nombre des maisons à deux cents pour 900 habitants.
140. Au musée des Docks romains de Marseille se trouve un exemple (plus tardif) de ces magasins où des *dolia* de grande contenance sont semi-enterrés. Ce magasin faisait 100 m^2.

courtines et aux trois tours carrées, j'y trouvai même un jour un passage dallé, raccourci secret vers une source(141). Mais parmi toutes nos fouilles, à la recherche de quelque trésor caché, deux découvertes resteront dans nos mémoires ! D'abord, en soulevant une pierre d'une maison, nous trouvâmes, non pas comme à Lattara une cassette de monnaies, mais une petite momie de renardeau, piquée d'épingles... pratique de magie que nous n'aurions pas soupçonnée chez les Gaulois...

Et, plus étonnant encore, nous découvrîmes, certes en décombres, une sorte de petite école, à l'arrière d'une maison où sans doute un maître grec enseignait à écrire à quelques individus bravant les interdits gaulois. Déjà à Lattara, Memmia et moi avions repéré deux abécédaires... Mais ici c'était différent : il y avait des ratés, des effacements, des fautes, ce qui était très comique et très normal pour une école ! Ainsi ce sont des Gaulois exceptionnels qui ont vécu ici, essayant de transcrire leurs noms en alphabet grec... Du coup, chaque fois que nous voyions un vase cassé, nous regardions dessous pour voir s'il ne comportait pas de signature... et nous en trouvâmes beaucoup... L'un d'eux, touchant, était un cadeau offert à leur fille Rustica Uebru... maintenant au pays des morts ou esclave...

141. Il s'agit de la source de la Tourtoulane.

J'écris le 5e jour avant les Ides de Septembre[142], à Vasio.

Une grande peur toute seule

Les événements qui arrivèrent par la suite, je ne les souhaite à personne. Car même si, sauve, je puis écrire à nouveau, je connus ce que j'ignorais jusque-là : la peur.

Au bout de deux jours, rien ne venait, aucun cheval, aucune réponse de Titus : il n'était peut-être pas à Massalia, n'avait pas reçu ma lettre ou ne pouvait pas me porter secours. Les soins que je prodiguais à Memmia par mes tisanes contre la douleur, mes impositions de mains et mes massages ne soulageaient pas la brûlure constante qui l'empêchait de marcher. De plus, elle s'affaiblissait de ne manger ni viande, ni légumes, ni céréales. Notre régime de figues, poires,

142. Le 10 septembre -121.

mûres (et poissons parfois) ne lui suffisait plus. Je ne savais pas chasser, et c'était fort dommage, car, une fois, nous eûmes la visite d'une de ces célèbres chèvres du *Rove*, ayant passé ses jolies cornes torsadées par la partie de rempart éboulée[143]. Or, imprévoyantes, ni l'une ni l'autre n'avions appris à manier l'arc.

Je pris alors une grave décision : celle de partir vers *Entremont*. Car Crixia Valmarros seule, en dehors de Titus à Massalia, pouvait nous aider. Je laissai mon si précieux rouleau avec mon sac trop lourd à Memmia et... partis à pied ! Le plan que nous avions trouvé était assez simple : je contournerais l'étang de *Berre*, le plus grand de tous, en le gardant toujours à ma droite, puis, quand le mont Vintur[144] serait en vue, je rencontrerais alors la rivière de l'*Arc*. Celle-ci, se jetant dans l'étang, pouvait être remontée jusqu'à trois stades d'*Entremont*, sans passer près des grandes voies romaines. Si cela s'avérait impossible, je rejoindrais une route et choisirais une charrette gauloise...

Pour uniques biens, il me restait les perles de verre de mon collier voconce, le portrait de ma mère, et le couteau donné par Drutos. Mon chien Galgo me manquait énormément, et j'avais tout le temps envie d'en pleurer.

143. Ces chèvres du village du Rove, près de l'Estaque, sont toujours très célèbres et produisent un fromage local appelé brousse.
144. Il s'agit cette fois de la montagne Sainte-Victoire.

Depuis le mois de février, je n'ai pas voulu raconter le drame arrivé à nos deux chiens, échappés et retrouvés morts, sauvagement attaqués, sur le champ de bataille. Je n'ai pas de mots pour traduire mon immense peine…

Déjà au départ, j'avais ce point au ventre, cette peur irraisonnée de me trouver soudain « seule au monde »... Il y avait beaucoup de vent, et les nuages faisaient constamment changer une lumière tourmentée, tantôt bienveillante et faisant du monde au milieu des pins une belle promenade dorée, tantôt angoissante, affolant de son ombre frênes, saules et pins à la fois ! L'étang était agité, presque brun, et des frises d'écume apparaissaient partout. Les roseaux claquaient. Je marchais obstinément, comme un soldat romain.

Je vis plusieurs fois des pêcheurs et des bateaux, constatai que tous les Avatiques n'étaient pas morts ou partis en esclavage. Je me méfiais beaucoup et les évitai. Memmia m'avait dit qu'il valait mieux pour moi rencontrer un figuier qu'un homme. En effet d'ailleurs un figuier calma ma faim, et je trouvai le sentier qui longe l'étang.

Mais peu après, la vue d'une grosse barque assez proche, avec trois hommes à bord lançant des filets, m'effraya et je trouvai dangereux de rester sur ce chemin. Pour échapper aux roselières et aux marais, je remontai un peu sur une colline d'où, pensai-je, je pourrais voir l'étang et ma direction. Or monter dans ces collines suppose de savoir bien déraper sur les cailloux, et je me blessai plusieurs fois. À la fin je ne trouvai aucun chemin et dus me guider au soleil. Lorsque je vis la rocheuse Vintur, je fus ravie, mais hélas aucune rivière n'arrivait par là. Le jour tombait à peine mais je devais prévoir ma nuit. Lorsque je croisai une petite cabane de pêcheur, je décidai d'en faire mon abri, plutôt que de risquer de me laisser surprendre.

Cela faisait des heures que je n'avais plus croisé aucun être humain. Je venais d'assister à l'agonie horrible d'une mouette. Être seule dans la grande nature qui menait ses cycles de vie et de mort me montrait que je n'en étais qu'une brindille. Si je mourais là, comme la mouette ou n'importe quelle bête, elle prendrait mon corps dans son sein, sans même qu'un battement d'ailes indique ma mort à quiconque. Et ce soir-là, était-ce la solitude, la mouette ou le vent, la peur s'insinua en moi.

Au début c'était ma respiration qui semblait altérée, puis une boule dans la gorge commença à la rendre difficile. J'avais très faim et me persuadai que le lendemain, non seulement il ferait beau, mais je mangerais et reviendrais vite à cheval vers Memmia ! Mais l'autopersuasion ne marcha pas. À chaque bruit nouveau, je sursautais. J'étais sûre que, attirés par mon odeur, beaucoup d'animaux, sangliers, cerfs et lièvres venaient gratter à la porte et entouraient la cabane.

Je pleurai beaucoup, et attendre le matin fut interminable. Dans la nuit, à un moment, j'entendis une sorte de vibration qui se rapprochait, comme un battement de tambour qui m'emplissait les oreilles : sans doute y avait-il maintenant une fête autour de mon abri et les divinités avaient-elles décidé de ma fin ? Je fus sûre alors que j'allais être sacrifiée, pour expier tous les crimes romains autour de l'étang : oui, c'est cela, les dieux gaulois se vengeaient et m'avaient prise pour cible ! Je devais payer ! Ils allaient entrer, m'expliquer que c'était l'heure, comme la mouette. Des oiseaux ne cessaient de piquer le toit de branchages, comme s'ils voulaient en enlever le couvercle gênant ! Pourquoi, condamnée, étais-je allée chercher du secours, au lieu de mourir dans les doux bras de Memmia ?

Soudain une bourrasque parvint à ouvrir la porte et je hurlai. Mais personne ne vint me chercher et je la refermai. J'avais tellement peur que si mon père était venu me chercher là et m'avait emportée vers une vie que je ne désirais pas, je l'aurais remercié de m'avoir sauvée et l'aurais suivi... C'est alors qu'à bout d'émotions sans doute, le sommeil me prit...

Je me réveillai avec l'immense bonheur d'être en vie. Le vent avait balayé tout nuage, même ceux de mon esprit, et la pâle aurore rosissait l'étang. Je constatai que des branches basses touchaient le toit et le fouettaient par moments. Mon courage revint et je ne voulus plus entendre parler des mauvaises conseillères de la nuit ! Je devais coûte que coûte retrouver l'étang, même s'il me fallait affronter marais et marins...

Je retombai enfin sur le sentier des hommes. Au loin une barque n'avait même pas perçu ma présence et je continuai d'un bon pas. Je ne confondis pas la *Touloubre* et l'*Arc*. Je réussis, malgré l'absence de sentier parfois, à longer ce dernier. C'est ainsi que j'arrivai à *Roquepertuse*, ce fameux sanctuaire abandonné dans les ronces que Memmia m'avait décrit... En effet c'était une jungle, mais j'y distinguai quand même les héros salyens tout peints, assis en tailleur sur leurs socles, les portiques aux crânes encloués, et surtout cette incroyable sculpture du dieu à double face[145]. Sans doute les dieux d'ici avaient-ils été très contrariés pour éloigner ainsi, par leurs ronces, les vivants ! Une forte impression d'abandon me glaça.

À mes pieds, je sentais battre la terre et sus qu'encore une fois l'emplacement du sanctuaire avait été guidé par les profondeurs terrestres. Je bus son eau sacrée qui coulait encore et honorai le grand guerrier. Ma main alla chercher des forces sur son genou... et je me sentis bien, tout d'un coup. C'est alors que j'entendis arriver par la

145. Cette statuaire du site de Roquepertuse à Velaux se trouve au musée du Vieux Marseille.

route de terre une cavalcade et le bruit sourd des roues cerclées d'un chariot.

— Ô Zeus et Toutatis ensemble, soyez loués, je t'ai retrouvée, ma petite Livia ! cria Memmia.

Je montai sur le chariot et la serrai très fort. D'émotion, mon monde de volonté tenace s'écroula, laissant place à un flot de larmes qui déborda, et me procura un étourdissement.

— Quels sont les dieux d'ici, Memmia ? Je les sens très puissants ! Ils ont écouté mes prières. Je t'ai retrouvée...

— Oui certainement, ils le sont encore, malgré les broussailles, les orties et la destruction du sanctuaire. C'est ici qu'il y a deux ans, ils ont déjà infléchi notre voyage en nous faisant bifurquer pour Glanon où nous t'avons retrouvée. Ils nous sont à nouveau favorables !

— Alors ? Raconte ! Comment te trouves-tu ici ?

— Eh bien, hier soir, avant la nuit, est arrivé par la grande porte de *Saint-Blaise* un chariot suivi d'un cheval. Le messager a sifflé très fort et je suis sortie. Il m'a laissé l'attelage, une lettre de Titus et est reparti aussitôt sans un mot ! Tiens, voilà la lettre :

Ma chère Livia !

D'abord quelques nouvelles brèves de Massalia : ton père Caius n'habite plus du tout avec nous, mais je le vois quand je monte à Aquae Sextiae. Il va bien, a dit à ton grand-père que personne n'avait de leçons à lui donner et reste fâché avec lui. Ta disparition en a fait un homme sombre et froid. Sa famille ne l'intéresse plus.

Nous accueillons maintenant son frère, ton oncle de Rome, venu faire des plans pour la ville Sextienne. Il n'est pas un jour sans qu'il me parle de toi et te regrette, lui, infiniment ! Il va bien mais s'inquiète pour toi. Prends garde de ne pas le croiser sur les routes quand tu remonteras vers Entremont.

Ma mère Anazra va bien et se réjouit de l'arrivée d'un enfant chez Callioptès qui, mariée, vit maintenant dans la maison d'à côté. (Tu te souviens j'espère de notre folle équipée interdite dans cette maison ?)

Mon frère marin a voulu connaître les terres carthaginoises de sa mère et explore toute cette région africaine. Il y rencontre des Romains qui voudraient refaire une ville sur les ruines... Il ne désespère pas non plus d'y retrouver notre famille maternelle, réfugiée dans les montagnes. C'est une sorte de difficulté pour nous, les trois enfants, d'être de ces deux civilisations, dont l'une a éteint l'autre ! Carthage renaîtra-t-elle un jour ? Ce n'est pas à moi de le dire, car je ne m'occupe pas de prédictions ! J'imagine, puisque toi aussi, par tes parents, tu es de deux peuples, que rien n'est simple pour toi non plus ! L'un ne vient-il pas de vaincre l'autre ?

Je suis toujours aussi passionné d'histoire et de géographie. Je n'ose te demander si tu as pris des notes en Allobrogie...

En tout cas voici deux nouveaux rouleaux de papyrus arrivés tout frais d'Alexandrie ce matin ! Fais-en bon usage. Je te soutiens toujours et n'ai dit à personne pour qui j'achetais ce char, mais il est à toi et tu pourras, si tu le souhaites, traverser toute la Gaule avec...

Les agissements de Rufus ne m'ont pas étonné. Je savais qu'il pensait à toi, car il ne tarissait pas d'éloges... Il a beaucoup exaspéré ton père. Mais après ta lettre, quand Caius a su la trahison de Rufus et qu'il était l'auteur du vol des papiers, il l'a chassé d'ici. Cette année, quand il a appris qu'Ahenobarbus lui avait confié la mission allobroge, il a crié : « Bon débarras ! » Alors, qu'il poursuive le but de se réhabiliter aux yeux de ton père en te ramenant ici saine et sauve, avec un projet de mariage à la clé, cela ne me surprend pas du tout !

Maintenant qu'il t'a enlevée à ta mère, il ne peut plus être mon ami !

Ma fidélité à ton courage et à ta volonté !

Titus.

P-S : j'ai hélas de Rome une fort triste nouvelle : Caius Gracchus a été assassiné, et avec lui le général Flaccus...

Ces derniers mots m'attristèrent beaucoup : mon pauvre ami Bambalio, désormais orphelin ! Puis je réalisai à quel point le soutien de Titus nous sauvait.

— Qu'il est gentil, ce Titus ! Si j'ai un seul vrai ami au monde, c'est lui ! Quel courage de me soutenir, quelle indépendance d'esprit ! D'autant plus que son éducation grecque ne le pousse en rien à une telle attitude avec une fille ! C'est inespéré ! Partons-nous ?

Memmia avait eu l'intelligence de déposer toutes les vieilles nasses et filets décousus qui nous avaient servi de matelas, à l'arrière. Elle avait aussi mis des paquets de roseaux qu'elle avait attachés en fagots pour faire croire à un transport. Comme il était bon à nouveau d'inventer des ruses et de partager sa vie !

Le trajet se fit sans encombre. Tous les Romains rencontrés œuvraient pour les grands travaux et non pour la police qui, heureusement, n'existe pas encore ici... À l'entrée d'*Entremont*, je réussis à dire dans un gaulois parfait et sans hésiter :

— Nous venons livrer des roseaux à Crixia Valmarros ! Elle paiera la taxe romaine !

Personne n'y vit ombrage, et nous avançâmes le chariot dans la grande voie sacrée. L'étonnement des filles et de leur tante fut énorme ! Glania me sauta dans les bras. Comment auraient-elles pu imaginer en effet que je reviendrais chez elles de mon plein gré, et si près de ma famille romaine que je ne souhaitais plus voir ? Elles étaient stupéfaites, et la langue gauloise que je commençais à maîtriser nous permit d'échanger toute la soirée. Elles nous proposèrent gîte et nourriture, ce que nous désirions par-dessus tout. Nous fîmes bien attention de ne pas trop manger après une telle privation... Memmia suscita toute leur curiosité.

Crixia appela une très-savante pour masser son dos et la manipuler par des séries d'étirements que je ne connaissais pas et que j'observai, bien sûr.

— Si Sextius n'avait pas pris nos sources, il aurait été bon de t'y immerger ! dit cette femme rageusement.

Quand elle fut partie, je posai la question :

— La source ne vous est-elle plus accessible ?

— Si, mais ce n'est plus notre dieu Borvo qui en est le maître ! Les eaux sont enfermées dans des pierres et des marbres et elles s'appellent Sextiennes(146) !!! sur les terres de Borvo ! Comment peut-on s'approprier l'eau ?

— Calme-toi ma tante, lui dit Glania. Le dieu Borvo est partout, à chaque source, il est sage et reste invisible. À Glanon aussi il a pris un autre nom, ce n'est pas grave. Nous, nous savons qu'il est là... C'est ce qu'a déclaré notre grand prêtre aujourd'hui...

Je passai presque toute la nuit à parler avec Glania, en grec, car cela allait bien plus vite. Elle voulait tout savoir. Elle me questionna sur la nouvelle vie à Glanon. Elle fut très étonnée d'apprendre que le sombre Drutos était un chef respecté et devenu encore plus beau ! Je

146. Le dieu Borvo ne disparaîtra pas mais sera latinisé, devenant Borbanus.

lui racontai tout, et même des sentiments que je n'aurais jamais confiés à Memmia : c'était mon amie, notre pacte était scellé depuis longtemps !

Le lendemain, elle m'emmena près de la falaise et je pus contempler alors, au-dessous, la colline défrichée et les nouveaux bâtiments de la ville de mon père !

Pour la première fois, si près de lui à vol d'oiseau, j'eus un moment de faiblesse, je me pris à rêver qu'il était tendre et ne m'avait pas reniée... L'instant passa, je ne le confiai à personne.

Entremont avait bien changé et il n'y avait plus la moindre trace de destruction à part, comme à *Saint-Blaise*, des boulets de baliste. Les Salyens, devenus un peuple à effectif réduit, avaient modifié leur ville, l'avaient reconstruite et embellie. Les ruines servaient d'enclos et de poulaillers. L'huilerie et la fonderie fonctionnaient. L'espace sacré restait toujours aussi mystérieux. J'y remarquai un pilier où étaient gravés des épis de blé. Je remerciai leurs héros assis pour m'avoir protégée.

Plusieurs Salyens préparaient leur déménagement vers un quartier d'Aquae Sextiae où certains avaient envie de vivre « à la romaine », ce qui n'était pas le cas de nos hôtesses...

Reposées et rassasiées après quelques jours, nous avions encore la dernière partie du voyage à faire, grâce au solide char de Titus. Crixia nous donna une amphore d'huile pour ma mère. Elles viendraient bientôt nous voir...

Nous prîmes des routes secondaires et passâmes au pied du Louerion, longeant la belle Druentia(147) qui si souvent sort de son lit. Nous ne nous arrêtâmes nulle part, pressées d'atteindre notre but, sauf pour faire boire le cheval. Nous désirions éviter la proximité des horribles lieux de bataille... Nous aspirions au calme de cette île au milieu du monde : Vasio...

Enfin le rocher se profila au loin... Nous laissâmes la charrette, libérâmes le cheval dans l'enclos de la rivière et montâmes vers le rocher. J'avais la nette impression de rentrer « chez moi », dans le bruissement de l'*Ouvèze*, et fis mentalement une prière reconnaissante à Ovidis. Ce fut mon petit frère qui, le premier, donna l'alarme par ses hurlements. Il me demanda tout de suite où étaient nos chiens et fut très ému d'apprendre leur mort. Ategnos resta dans mes bras blotti un long moment. Puis il s'écria :

— Viens voir !

Et, en me penchant au-dessus de la falaise, je vis à quel point la ville romaine avait avancé au bord de l'*Ouvèze*... Mais ce n'était pas ce qu'il voulait me montrer :

147. Les actuels Lubéron et Durance.

un peu plus bas, sur un plateau du rocher où nichent normalement des oiseaux, se tenait allongée au soleil de la pierre chaude une de ses chiennes. Elle était allée mettre bas loin des hommes et avait à la mamelle quatre ou cinq chiots... Mon frère en était émerveillé.

— Pourvu qu'elle nous les ramène bientôt ! Elle a dû passer par un souterrain... Il y aura un chiot pour toi !

— Et notre mère, où est-elle ?

— Elle t'attend dans sa maison... Elle a de la compagnie, vas-y mais... reviens vite !

Je m'avançai, impatiente de lui raconter notre évasion. Memmia se retira chez nous et me laissa seule. Quand je poussai la lourde porte, je fus stupéfaite de voir... Drutos ! Il déplia souplement son grand corps et s'avança vers moi avec un beau sourire que je ne lui avais jamais vu.

— J'ai su, dit-il, par un marchand de Lattara venu à Vienna, que tu avais fui... J'ai aussitôt pensé que tu reviendrais auprès de ta mère. Louées soient vos déesses Belisama et Ovidis !

— Oh oui, ma joie est très grande... murmurai-je. Mais que fais-tu ici chez les Voconces ?

— Drutos est venu me demander deux choses, déclara ma mère : tout d'abord il souhaite que j'aille aider les Allobroges dans l'épreuve de la défaite. Trop d'hommes veulent s'exiler ou cherchent encore à mourir :

le désespoir a pris le pouvoir sur le cœur de ce peuple si fier... Notre expérience et nos médecines peuvent les aider, je viens donc d'accepter...

— Ne me dis pas que nous allons repartir...

— Si ! dit joyeusement Drutos, avec ton petit frère, ses chiens, et ta sage Memmia ! Et là-bas, jamais Rufus ne te retrouvera !

Encore une fois, je ne savais quoi penser, mais il était certain que vivre tous ensemble est ce que je pouvais rêver de mieux !

— N'y avait-il pas une deuxième chose qu'il était venu te demander ?

— C'est un secret… interrompit Drutos. Disons qu'après le difficile assentiment de ma propre mère, j'avais besoin du consentement de la tienne. Mais si je veux faire les choses comme il faut, je dois aussi un jour demander celui de ton père... Je le ferai quand nous reviendrons ensemble... peut-être l'été prochain ? Quant à toi, belle jeune-fille, j'aurai bientôt une grave question à te poser…

DOSSIER

Les Allobroges

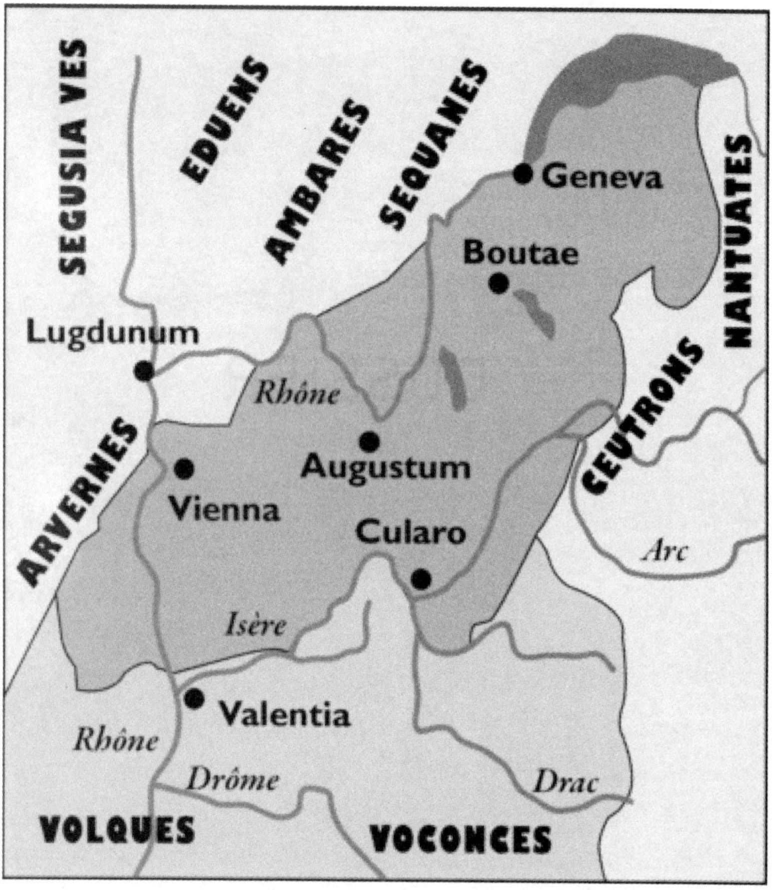

Carte de l'époque romaine
(Aoste et Grenoble existent et Larina n'y est plus.)

Les Allobroges

Les Allobroges sont une confédération. Ils vivent sur un territoire très étendu de Gaule, entre l'Isère et le Rhône, de la Drôme à la Suisse.

Célèbres Allobroges !

Connus par de nombreux écrits, ils sont un des peuples les plus célèbres de Gaule. Les historiens romains les ont retenus pour quatre raisons :

1) Leur participation aux guerres carthaginoises, en particulier lors du passage d'Hannibal par les Alpes

2) Leur guerre et défaite en 121 av. J.-C. contre les Romains

3) Les fameuses interventions des aristocrates auprès du gouvernement romain, après la romanisation

4) L'origine de personnages célèbres gallo-romains jusqu'au IVe siècle

Plateau de Larina, Isère, Bugey

Célèbres villes !

En 122, les villes sont des oppida, non fortifiés contrairement au reste de la Gaule. Les plus connus (et fouillés) sont ceux de Vienne (Drôme), Larina (Jura) et Genève (Suisse). Grenoble n'existe pas encore, mais de très nombreux oppida dominent des carrefours et des embouchures de rivières.

Monnaie gauloise

D'où viennent leurs richesses ?

1) Depuis l'âge du fer, on extrait des minerais des Alpes. Forgerons, ils travaillent fer, or, argent, bronze, plomb. Ils frappent déjà leur monnaie.

2) Ils sont connaisseurs des ressources de la montagne et du bois. Ils surveillent le passage des cols.

3) Ils sont navigateurs et ont des compagnies de nautes sur le Rhône. Ils surveillent et taxent les passages.

4) Ils pratiquent un commerce international. (Quand Vienne sera romaine, son port possédera la plus grande surface d'entrepôts de Gaule.)

5) En plaine et en moyenne montagne, ils sont agriculteurs et produisent (selon Strabon) le plus beau blé de Gaule, des salaisons de viande en quantité et du fromage.

Quelle est leur religion ?

Ils sont polythéistes, comme tous les peuples celtes (et comme les Romains). Leurs prêtres pratiquent les rites et les sacrifices. Ils ont surtout des *druides*, qui sont des grands savants. En effet, après vingt ans d'étude, le druide a mémorisé : la botanique, les mathématiques, l'astronomie, les lois. Il est très consulté, préside des cérémonies, intervient dans la politique et la justice et fait des prophéties. L'art divinatoire se pratique avec des dés, comme ceux retrouvés à Larina.

Les Allobroges ont une particularité : le dépôt sacré d'objets dans des failles de rocher. Deux sites sont célèbres : Vienne (20 m^3 d'objets), le trou de la Chuire à Larina.

Quelle est leur origine ?

Leur nom signifie « venus d'ailleurs ». Aussi pense-t-on que ce peuple celte, les Gésates sans doute, arrive vers le IIIe siècle av. J.-C. depuis l'Europe orientale. Les objets d'art le confirment.

Un pays vaincu et conquis ?

Après les terribles guerres de 121, les Allobroges sont vaincus. Rome prend alors possession d'une région qui s'étend des Alpes aux Pyrénées. Sa capitale sera désormais Narbonne. De l'Espagne à Genève, les Romains contrôleront les échanges commerciaux. Les Allobroges se plieront à l'autorité du gouverneur de la *Provincia*. En trois générations ils deviendront gallo-romains et aideront même César à conquérir le reste des Gaules. (-58). Vienne deviendra une ville luxueuse : forum et théâtres gigantesques, cirque, odéon, temples et nombreux palais...

Repères chronologiques dans la biographie de Livia

— 134 : naissance de Livia à Rome, fille de Sextius (29 ans) et Voadicia (26 ans)

— 133 Sextius, victorieux en Orient, ramène Saodas et Sidonias de Beyrouth

— 129 : disparition de la mère de Livia et arrivée de Memmia (41 ans)

— 123 : départ pour Marseille de Livia, et des esclaves Memmia, Saodas, Sidonias, Fulvia (15 ans) et son bébé. Installation chez le grand-père de Livia (60 ans), sa deuxième femme Anazra (37 ans) et leurs trois enfants : Marcus (18 ans), Callioptès (15 ans) et Titus (14 ans).

— 123 : 1er enlèvement de Livia à la source d'Entremont

— 122 : première pierre d'Aquae Sextiae, 2e enlèvement de Livia à Vasio

Reconstitution du site de Lattara

Lattara : L'emplacement stratégique à l'embouchure du Lez et au bord des étangs a permis le développement du site pendant sept siècles. Étrusques et Grecs y ont commercé. Au IVe siècle av. J.-C., il abrite 4 000 habitants dans des maisons de deux à quatre pièces, dont certaines de type grec (avec une cour intérieure). La ville dessine un triangle et se développe aussi au-delà du rempart.

Saint-Blaise : Ce remarquable oppidum gaulois à muraille grecque et dont on ignore le nom connaît une occupation de mille ans av. J.-C., entre la mer et l'étang de Berre, entre la Crau et Marseille, dominant les étangs salés qui ont dû faire la richesse de ses habitants. Il y a une ville haute et une ville basse où les types d'habitat se succèdent, sur un plateau rocheux, barré assez tôt par un rempart. La muraille monumentale, qui fait le prestige du lieu, n'a été construite qu'au milieu du IIe siècle av. J.-C. devant l'ancien rempart : œuvre d'art et d'apparat. Elle est donc quasiment neuve quand notre héroïne s'y trouve et déjà détruite en partie par l'armée romaine en 124, ce qui met fin à l'occupation du site.

Restitution de la fortification de Saint-Blaise

© dessin J.-M. Gassendi, IRAA,CNRS.

Chronologie de quelques événements historiques

En Gaule :

— 800 à 500 : installation des Celtes

— 650 : des Étrusques fondent l'oppidum de Saint-Blaise

— 600 : des Grecs de Phocée créent Massalia

— 550 : création de l'oppidum de *Lattes*

— 320 : création de l'oppidum volque d'*Ambrussum*

— 300 : arrivée des Celtes Allobroges / installation des Allobroges sur le site de *Larina* (oppidum)

— 218 : traversée du Rhône puis des Alpes par Hannibal

— 180 : création de l'oppidum d'Entremont

À Rome :

— 753 : naissance légendaire de Rome

— 390 : prise de Rome par le Gaulois Brennus

— 380 : traité entre les Marseillais et Rome

— 264, 218 : première et seconde guerres puniques

— 150 création de l'oppidum de Genève

— 147 : troisième guerre punique, destruction de Carthage par Rome

— 125 : alliance des Romains avec les Gaulois Éduens

— 124 : Rome envoie Flaccus au secours des Marseillais / conquête de Vaison et Glanon

— 123 : victoire de Sextius à Entremont

— 121 : victoire de Domitius et Maximus sur les Allobroges et les Arvernes

Monnaie où Cnaeus Domitius Ahenobarbus, créateur de la Via Domitia, est représenté.

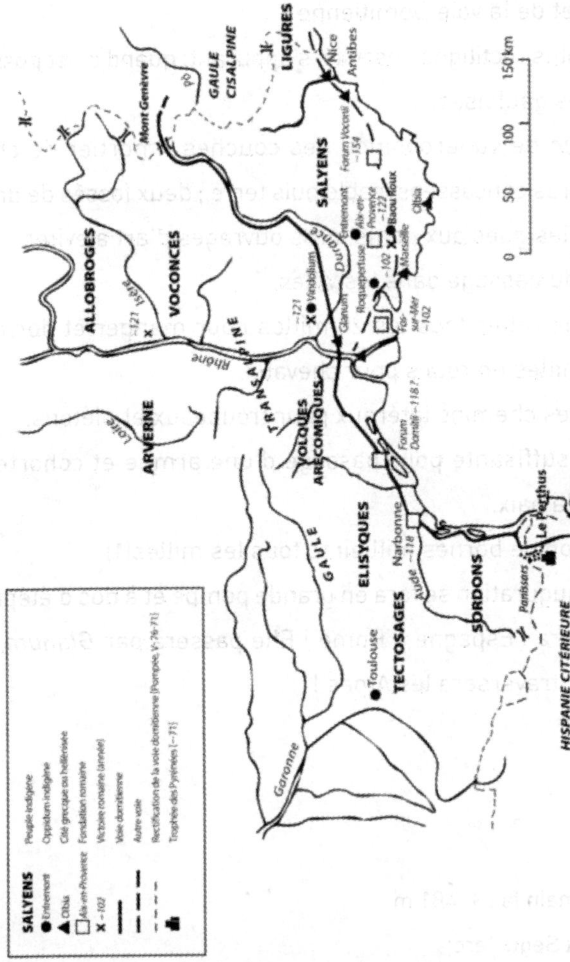

Le Midi de la Gaule entre −154 et −71

Principales consignes du consul de la Province romaine (future narbonnaise) Cn. Domitius Ahenobarbus, vainqueur d'une bataille contre les Gaulois, pour construire la route qui portera son nom :

Le projet de la voie Domitienne :

1. Tracé le plus rectiligne possible, s'appuyant, quand c'est possible, sur les routes gauloises.
2. Technique de superposition des couches : mortier de chaux, détritus, pierres concassées, sable puis terre ; deux fossés de drains.
3. Préférer les gués aux ponts, gros ouvrages d'art à éviter.
4. Dallage du passage dans les villes.
5. Prévoir un relais tous les 20 milles pour manger et dormir et tous les 10 milles un relais pour chevaux.
6. Prévoir des chemins latéraux pour troupeaux et piétons.
7. Largeur suffisante pour passage d'une armée et cohortes de maintien de la paix.
8. Installation de bornes milliaires tous les milles(1) .

En 118, l'inauguration se fera en grande pompe et à dos d'éléphant. La route reliera l'Espagne à Rome ! Elle passera par *Glanum*, Apt, Sisteron[2] et traversera les Alpes !

1. Un mille romain fait 1. 481 m.

2. Apta Julia et Segustero·

Via Domitia, aux alentours d'Ambrussum

Du même auteur

Le grand départ pour Massalia - Journal de Livia, fille de Sextius - Tome 1

En plein cœur de l'Empire Romain, la jeune Livia reçoit une lettre de son père, puissant général, l'invitant dans la cité grecque de Massalia. Un long périple attend Livia...

Prisonnière des Gaulois - Journal de Livia, fille de Sextius - Tome 2

Livia, fille du général romain Sextius, se retrouve prisonnière des Gaulois. Ligotée et menacée de mort, elle ne peut rien faire pour s'échapper. Il ne lui reste plus qu'à observer et écouter ses ravisseurs et à découvrir comment vivent ces fameux Gaulois qu'on lui a décrits comme sauvages et barbares ! Persuadée que son père va tout faire pour la retrouver, la voici d'abord à Entremont, puis à Glanon, à Arelate, à Vaison... où l'attend une incroyable révélation.

Sélection de titres publiés chez Oskar Éditeur
Pour plus d'informations, consultez notre site :
www.oskareditions.com

Du Rififi au Pont du Gard - Une enquête d'Aemilius
Gaule romaine, Ier siècle. Aemilius, Flavia, Paulina et Lucius remarquent que le chantier du Pont du Gard est victime de sabotages... Qui est le coupable ?
Auteur : Gérard Coulon

Quel cirque à Lugdunum ! - Une enquête d'Aemilius
Qui a scié l'essieu du char de Bellario avant la course du cirque de Lugdunum ? Aemilius et ses copains décident de le découvrir.
Auteur : Gérard Coulon

Youssou et la statue de marbre - Sur les traces des Romains
Pierre, Kyôko et Youssou creusent près d'un chantier de fouilles et font une incroyable découverte ! Mais l'aventure se transforme vite en cauchemar...
Auteur : Gérard Coulon / Illustrateur : Freddy Nadolny

Sauveront-ils Emmoria ? - Au temps des Gaulois

Aldaric, 12 ans, doit retrouver sa sœur, Emmoria, qui a été emmenée comme esclave lors d'une bataille qui a blessé leur père. Parviendra-t-il à la sauver ?

Auteur : Bernard Gallent / Illustrateur : Antoine Ronzon

Gilgamesh - Le roi qui ne voulait pas mourir

Les récits épiques de Gilgamesh, personnage héroïque de la Mésopotamie antique et roi de la cité d'Uruk.

Auteur : Viviane Koenig

Publié par Oskar éditeur
21, avenue de la Motte-Picquet
75007 Paris - France
Tél. : +33 (0)1 47 05 58 92
E–mail : oskar@oskareditions.com
Site Internet : www.oskareditions.com

Auteur : Frédérique Banzet
Graphisme : Raphaël Hadid
Direction éditoriale : Françoise Hessel
Mise en page : David Lanzmann

ISBN : 979-10-214-0494-6
Dépôt légal : Août 2016
Imprimé en Europe
Loi n° 49–956 du 16 juillet 1949
sur les publications destinées à la jeunesse